雷玲／编著

大夏书系—教师专业发展

教师的幸福资本

成长为优秀教师的8种特质

/第二版/

THE
HAPPINESS
CAPITAL
OF TEACHERS

华东师范大学出版社
·上海·

幸福在这里

——优秀教师成长启示录

　　由于工作的原因，我直接或间接地接触过不少优秀教师，回顾他们的成长历程，我得到了许多重要的启示。我认为，优秀教师尽管各有特点，但有五个基础是他们共有的，是特别值得我们学习的主要内容。

一、长期、扎实的实践

　　实干是基础。所有优秀教师的成功，无一例外来自他长期、扎实的教育实践。全国模范教师盘振玉，16 岁就走上讲台，在艰苦的瑶山一干就是 20 多年，教学成绩也一直在全乡名列前茅。她成功的背后是扎实的工作——不但要用双语（汉语普通话和瑶家语）教"复式班"，而且还要为学生做饭、洗衣服等。

　　特级教师、西南大学教育学院龚春燕教授"十几年来，做过大量的调查，阅读了上千万字的著作，分析过数万个学习个案，统计处理了无数的数据，得到一个结论：要提高学习的效率，必须从理论和实践上研究学习的动力，而创新是学习最重要的动力源泉"。我们仅从"分析过数万个学习个案"，就可以看出他是下了多大的苦功夫。

　　苦中能有乐。优秀教师和所有教师一样都承担着艰苦、繁重的工作任务，所不同的是他们能够做到苦中有乐。他们累着，但是快乐着，体验着一种神圣的幸福感。

特级教师、北京教科院基础教育研究中心数学教研室主任吴正宪说："我一上讲台，就融入了学生的世界，全身心地投入数学教学之中，把其他的一切都忘记了。只有教数学的人被数学的魅力打动了，学习数学的人才能被数学深深吸引。"

青年优秀教师、浙江杭州临平一小的蒋军晶说："我不但没有这种教师的职业倦怠感，而且我目前还把这种工作的幸福状态延伸到我的和别人的生活当中。我和几个年轻的朋友组织了一个民间教学研究工作室——五汉工作室。"

二、顽强、自觉的学习

酷爱学习。优秀教师的学习都是自觉的。在承受繁重工作的同时，能够锲而不舍地坚持学习，是优秀教师另一个共同的特点。他们顽强、自觉的学习有时达到了惊人的程度。有"十几年来，阅读了上千万字的著作"的龚春燕；有"几年来阅读量达300多万字，记下了20多万字的读书笔记"的特级教师窦桂梅；有工资不高但"那几年买了近40000元书"的蒋军晶；有"在最初的几年，我阅读了50多部理论书籍和2000多本教育期刊，撰写了100多万字的笔记"的特级教师、江苏省苏州工业园区第二实验小学副校长徐斌；等等。

灵活多样的学习方式。有"随时随地寻找'教你'的师父"的蒋军晶；有"具有终身学习的理念并且善于学习，家庭被评为全国学习型家庭"，并坚持"几种学习方式：向同行学习，向学生学习，向报刊书籍学习，进修学习，课题学习，学术学习，追踪学习，按阶段有重点地学习，网上学习，传播学习，实践学习，参观学习"的特级教师任勇；有向名师学习，几年来竟听了校内外1000多节课的窦桂梅……

三、联系实际的思考

优秀教师在顽强、自觉学习的基础上，普遍地又十分重视思考，显著地具有爱思考的品质。正像特级教师于永正所说："我们的教育需要理性，需要在教育范围内进行教育发展，别让一些非本质因素过多地打扰了教育，比如商业、权威、权力、习惯等——这些已过多地干扰了课堂的方向。理性状态是对教育最好的救助。"

而优秀教师的思考又有着自己鲜明的特点：

一是思考紧密联系自己的教学实际。优秀教师的思考很少大而无当，无病呻吟，故作深沉。江苏省特级教师邱学华说："我深信，教育的实践是教育理论的源泉，因而我始终没有离开讲台。我的许多新方法、新思想，都是在教育实践过程中萌发出来的。"

二是通过思考他们对教育理念的理解更加深刻。特级教师李镇西视"教育为心灵的艺术"，他提出"以人格引领人格，以心灵赢得心灵，以思想点燃思想，以自由呼唤自由，以平等造就平等，以宽容培养宽容"。模范教师、西安市第八十三中学王西文指出："教育是一个灵魂唤醒另一个灵魂的过程，只有触及人的灵魂，并引起人的灵魂深处的变革，这才是真正的教育。"特级教师、浙江省慈溪中学黄孟轲认为："教育的根本任务是立人；语文教育的核心是立足人，培养思维，注重审美；语文课堂教学的出发点与归结点应该是唤醒：唤醒教师自身精神与人格魅力，唤醒文学所蕴含的作者的思想与情感，唤醒文本中的生命内涵，唤醒学生的想象力、创造力。"特级教师、中国人民大学附属小学副校长钱守旺，把学生真正当成学习的主人，他主张："课堂上我尽可能给学生多一点思考的时间，多一点活动的余地，多一点表现自己的机会，多一点体验成功的愉悦，让学生自始至终参加到知识形成的全过程中，努力做到：凡是学生自己能够探索得出的，教师决不代替；凡是学生能够独立发现的，教师决不暗示。"

三是尤其重视反思自己。特级教师于永正说："保持教育理性状态的前提是群体具有反思能力。而名师就是处于反思的'多震地带'。他们在反思宏观的教育，也在反思教育的细节；他们在反思历史，也在反思现在，尤其总在反思自己。名师是我们教育界反思状态的发动机——他们启发了我们。这便是名师的价值。"特级教师、苏州工业园区第二实验小学副校长徐斌说："我的确愿意做一个思考的行者，在实践中的土壤里，在审视自己的过程中，不断学习反思，不断完善自我，超越自我。"任勇则认为："认识自我、发现自我是成为优秀教师的基础和根本；完善自我、战胜自我是成为优秀教师的关键；实现自我、超越自我是优秀教师永不满足的目标。"

四、充满个性的创新

优秀教师在实践基础上刻苦学习与积极反思，最终出现充满个性的创新，又是他们共有的一个突出特点。

独特的个性。青年优秀教师蒋军晶提出"学习（听课）是为了寻找自己还是寻找偶像"的质疑，表明了自己反对盲目模仿，推崇弘扬个性的观点；特级教师窦桂梅更加鲜明地指出："教师不能没有独特的风格，不能没有鲜明的个性。随波逐流、循规蹈矩是自己成长的最大敌人。我想对自己说的是，人云亦云的尽量不云，老生常谈的尽量不谈，要学会独立思考，而不是跟着'风'跑。对自己的教学，不要考虑完美，要考虑最有特色。"

不断创新。优秀教师都善于把日常繁琐的工作和科研创新融为一体。广州市名师、黄浦区教育局教研室科研办副主任曲天立首先提出"问题即课题，教学即研究，成长即成果"的创见；李镇西则"把每一个学生的心灵作为思考、研究、倾听、感受和欣赏的对象"；任勇的座右铭是"教育恒久远，创新每一天"；窦桂梅大胆探索"超越教材，超越课堂，超越教师"。

辩证的思考。世界是发展的，生活是辩证的，因此充满智慧的辩证思想就会源源不断地从那些深入生活、善于独立思考的优秀教师头脑里涌现出来。全国优秀教师、浙江新昌中学黄林提出"用熟悉的眼光看待陌生的事物，用陌生的眼光看待熟悉的事物"；劳动模范、湖塘桥实验小学校长庞瑞荣的治校方针是"严格而自由"；广州市黄浦区教育局教研室科研办副主任曲天立主张"从评选好学校转向评选差学校";窦桂梅提出"优点使人可敬，缺点使人可爱"……从优秀教师那里经常会听到这样充满智慧的辩证思考。

五、和基层老师密切联系

得到基层老师最高赞颂的是始终和他们保持联系的优秀教师。例如老师们把特级教师、中国人民大学附属小学原副校长、北京市朝阳区教育科学研究院课程部主任钱守旺称为"有才华，有水平，没架子的特级教师"。

为了认真搞研究，服务教师，从北京最边远的山区到祖国的大西北，特级教师吴正宪一次次"走乡串户"给老师、学生们上示范课。她把每一次外出上示范课都当作学习、调研的机会，课后总忘不了和老师、学生交流，积累素材。两年来，北京市的 19 个区县都留下了吴老师的足迹。

窦桂梅在清华大学附属小学最初的两年中，和教师们一起大胆实践，勇于尝试，每一次听课后都给教师评课，努力做到优点说透，缺点不漏，策略给够。有一年，窦桂梅听了 500 多节课后，给 76 位一线教师每人写了一封长信。

以上成为优秀教师的五个重要的基础，实际上建立在他们对人生的思考、对人生价值的追求上。他们以"平凡中的伟大"，谱写着幸福的职业人生；在此解读他们的成长故事，以期启迪更多青年教师快速成长。

冉乃彦／中央教育科学研究所访问学者

目 录

c o n t e n t s

第一章

我可以成功：

优秀教师的心理资本

心中有梦想，
我就是成功者

当我们心怀梦想，开始拥有积极的心态并把自己看作成功者时，我们就开始走向成功了。

北京一所普通中学同时分来两位师大毕业生小杰和小哲，在大学期间，他们都是佼佼者。他们到学校工作以后都遇到了理想与现实、挫折与进步、名利与得失等问题。小杰性格开朗，豁达大度，对一些复杂的关系，特别是一些不公平的待遇能以平常心去对待，一门心思教好书，自然也得到了学生的爱戴和领导、同事的肯定。然而，小哲的态度却有些消极，感到自己不得志，遇到一点不顺和不公就自怨自艾，或抱怨学生起点低，或抱怨同事不好相处，对上课失去信心，也不努力去认真做好，结果，他越来越不受学生的欢迎，还因教学效果不佳受到学校的批评。

两个起点相同的年轻教师，却走出了两条截然不同的成长之路，值得深思。

任何事物，都有其两面性，问题在于当事人怎样去对待。上面提到的小哲老师只看到了眼前不利的因素，没有看到通过自己的努力解决问题后的美好前景，不能以积极的态度去分析事物；而小杰老师的态度则是积极的，他更多从自身努力不够的角度去分析事物的消极面，努力改进自己，最终取得成功。

工作强度加大、工资不高、评职称不易、家长期望值高、学生难教、升学压力大……随着社会的变化，教师职业的特殊性使教师感到前所未有的压力。这种在心理学上被称为职业倦怠的教师职业病，如今已成为教师普遍存在的问题之一。因此，具备良好的心理素质，是成为一名优秀教师所必须具备的条件之一。

北京师范大学林崇德教授将教师的心理素质定义为："教师在教育活动中表现出来的，决定教育教学效果，对学生身心发展有直接而显著影响的心理品质的总和。"如此，教师要想成为一名优秀的教师，必须要在教学过程中培养自己良好的心理素质。

美国成功学学者拿破仑·希尔（Napoleon Hill）说过这样一段话："人与人之间只有很小的差异，但是这种很小的差异却造成了巨大的差异！很小的差异就是所具备的心态是积极的还是消极的，巨大的差异就是成功和失败。"

从心理学的角度说，一个人面对事情所持的心态如何，往往决定着事情的成败。在这个过程中，人的心态通常会受自身的心理因素及心理暗示影响。何为心理暗示？心理暗示是指人接受外界或他人的愿望、观念、情绪、判断、态度影响的心理特点，是人们日常生活中最常见的心理现象。它是人或环境以非常自然的方式向个体发出信息，个体无意中接受这种信息，从而做出相应的反应的一种心理现象。

心理学家巴甫洛夫（Pavlov）认为：暗示是人类最简单、最典型的条件反射。从心理机制上讲，它是一种被主观意愿肯定的假设，不一定有根据，但由于主观上已肯定了它的存在，心理上便竭力趋向于这项内容。

或许我们每个人都有过这样的体验：为了追求成功和逃避痛苦，通常会不自觉地使用各种暗示的方法。比如，当困难临头时，人们会自我安慰"快过去了，快过去了"，从而减少忍耐的痛苦；在追求成功时，会设想目标实现时激动人心的情景。这种行为其实是一种暗示行为，它可以为人们提供动力，提高挫折耐受能力，保持积极向上的精神状态。

科学证明，积极的心理暗示有助于人们克服困难，使人看到希望，保持进取的旺盛斗志；消极的心理暗示会使人沮丧、失望，对生活产生抱怨情绪，进而自我封闭，限制和扼杀自己的潜能。

多年前，哈佛大学的罗森塔尔（Rosenthal）博士曾在加州一所学校做过一个著名的实验：

一个新学期开始时，罗森塔尔博士就让校长把学校的三位教师叫进办公室，对他们说："从你们过去的教学表现看，你们是本校目前最优秀的老师。因此，我们特地从全校学生中挑选了 100 名最聪明的学生，将他们组成三个班，请你们去分别执教。我们发现，这些学生的智商比学校的其他孩子都高，所以，希望你们能让他们取得更好的成绩。"

三位老师听了这番话都高兴地表示：一定尽力。

这时，校长又叮嘱三位老师，对待这些学生，要像平常一样，不要让学生或学生的家长知道他们是被特意挑选出来的，三个老师答应了。

一年之后，这三个班的学生成绩果然排在这所学校乃至所属学区的前列。

这时，校长却告诉三个老师一个事实真相：这些学生并不是刻意选出的最优秀的学生，只不过是从全校学生中随机抽调出来的最普通的学生。

这三个老师没想到事情是这样的，于是沾沾自喜，都认为自己的教学水平的确很高。

这时，校长又告诉他们另一个事实真相：他们也不是从全校教师中特意挑选出来的最优秀的老师，也是随机抽调的普通老师而已。

这个故事说明：所谓的天才都是靠自己的努力发掘出自身内在的潜力，从而改变自己的命运。

美国亿万富翁、工业家卡耐基（Carnegie）也曾说："一个对自己的内心有完全支配能力的人，对他自己有权获得的任何其他东西也会有支配能力。"

"心中有梦想，我就是成功者！"亲爱的老师，当我们心怀梦想，开始拥有积极的心态并把自己看作成功者时，我们就开始走向成功了。

小贴士 ———————————————— 健康情绪自我心理测试

亲爱的老师，你能够积极地调节和控制自己的情绪吗？你的情绪稳定吗？心理学家认为，情绪稳定被看成是一个人心理成熟的重要标志，只有情绪稳定、心态平和的人才能从容面对人生的挑战。检测一下自己的情绪状态吧，请完成下面的题目：

1. 通常情况下，我有能力克服各种困难。（   ）

    A. 是的（2分）   B. 不一定（1分）   C. 不是的（0分）

2. 我见了关在铁笼里的猛兽也会惴惴不安。（   ）

    A. 是的（0分）   B. 不一定（1分）   C. 不是的（2分）

3. 如果我到了一个新环境，我会：（   ）

    A. 把生活安排得和从前不一样（0分）

    B. 不确定（1分）

    C. 和从前相仿（2分）

4. 我一直觉得，我一定会在有生之年达到我所预期的目标。（   ）

    A. 是的（2分）   B. 不一定（1分）   C. 不是的（0分）

5. 我现在仍然敬佩我在小学时敬佩的老师。（   ）

    A. 是的（2分）   B. 不一定（1分）   C. 不是的（0分）

6. 我不知为什么有些人总是回避我或对我冷淡。（   ）

    A. 是的（0分）   B. 不一定（1分）   C. 不是的（2分）

7. 我是一个善意待人的人，但我却常常得不到相同的对待。（   ）

    A. 是的（0分）   B. 不一定（1分）   C. 不是的（2分）

8. 当我在大街上遇到我不愿意打招呼的人时，我常常避开。（   ）

    A. 极少如此（2分）   B. 偶尔如此（1分）   C. 有时如此（0分）

9. 如果有人在我聚精会神地欣赏音乐时高谈阔论，我会：（   ）

    A. 我仍能专心听音乐（2分）

    B. 介于 A 与 C 之间（1分）

    C. 不能专心并感到恼怒（0分）

10. 我不论到什么地方，通常都能清楚地辨别方向。（   ）

    A. 是的（2分）   B. 不一定（1分）   C. 不是的（0分）

11. 对我所学的知识我很热爱。（   ）

    A. 是的（2分）   B. 不一定（1分）   C. 不是的（0分）

教师的幸福资本——成长为优秀教师的 8 种特质（第二版）

12. 我的睡眠常常被生动的梦境干扰。( )

　　A. 经常如此（0分）　　　B. 偶尔如此（1分）　　　C. 从不如此（2分）

13. 我的情绪一般不受季节气候变化的影响。( )

　　A. 是的（2分）

　　B. 介于 A 与 C 之间（1分）

　　C. 不是的（0分）

答案和忠告：

▶　**17 ~ 26 分：情绪稳定**

　　你通常能以沉着的态度应付现实中出现的各种问题；你的行动充满魅力，有勇气；你是属于情绪稳定、性格成熟、能面对现实的人。

▶　**13 ~ 16 分：情绪基本稳定**

　　你的情绪有变化，但不大，在大事面前，你有时会急躁不安，不免受环境影响。你是属于能沉着应付现实中出现的一般性问题的人。

▶　**0 ~ 12 分：情绪激动**

　　你通常不能面对现实，常常急躁不安、身心疲乏，甚至失眠；你不容易应付生活中遇到的各种阻挠和挫折，容易受环境支配而心神动摇。你属于情绪较易激动，容易产生烦恼的人。所以，你要注意控制和调节自己的心境，使自己的情绪保持稳定。

了解自己：
教师常见的 5 大心理弱点

将弱点转化为强项并不容易，它需要你的不懈坚持与努力。

有些东西，你越是想得到它，那么就会发现得到它越发困难；本来以为十拿九稳到手的东西，可是结果却不是如此……这样的事情可能很多很多。有研究发现，出现这样的情形很大程度上是由于人的心理影响所致。

对于教师这个特别的群体，由于其职业特定性的影响，心理学家研究发现，他们通常容易存在以下几种心理弱点：

1. 过于自赏清高

这是教师的致命弱点。因为工作在封闭的校园圈子，视野受到一定局限，所以思维容易定型、刻板，这是自赏清高的来源。同时，很多教师的生活圈子、交际圈子也固定在同行之间，局外的事物无暇顾及或无从顾及，于是久而久之就缺乏了自知之明。这类教师总以为自己正确高明，却很容易演变成心胸狭窄，而其好为人师的职业习惯又使他们容易把自己当成"真理"的化身。

2. 表面不说背后乱说

昨天为了职称较劲，今天为了名利争斗……大部分教师整天待在学校的象牙塔里，普遍容易形成"窝里斗"的心态。所以，某些教师的目光常常只盯着同事。诸如，大家都在一个学校工作，你我一个样，你凭什么评先进而我没评上？于是，告黑状，写匿名信，永远是一些教师的强项。还有心态不正者会耿耿于怀：告不倒你，最起码也可以搞臭你！所以，在一些学校里常常看到这样的情形：当学校有事情真正需要大家齐心协力的时候，有些教师就会退缩，明哲保身，缺乏团结精神。

3. 对什么都看不惯

一些教师总是对什么事情都看不惯。但如果真的发生事情了，他们在领导面前唯唯诺诺却在背后大发雷霆。对什么都看不惯的教师，经常满腹牢骚，缺乏容人之心，对别人总喜欢求全责备，没有敢说敢当的精神。

4. 好为人师，刚愎自用

"好为人师"几乎是很多教师都有的职业病，为人师的职业习惯导致他们不分场合、不看对象地爱教育人，对所有人说话时都爱用教育的口吻，容易给人留下爱挑毛病、爱计较、爱钻牛角尖、认死理、迂腐、教条、不灵活、不圆滑的印象。

5. 缺乏社会经验

绝大多数教师都是从学校毕业后直接参加工作的，基本上是出了学校门，再进学校门，所以社会经验通常不足，在人际交往中容易胆小怕事，社会处事能力也很弱。

每个人都有自己的弱点。心理学家告诉我们，人类性格中常见的弱点之一是他们认为自己并不想成功或达不到成功。有这种弱点的人的思想会沿着这条路发展下去，他们会认为成功是一件非常艰难的事，因为成功必须付出代价。为了避免付出这些代价，他们愿意将自己看成是不如他人的人，他们过分强调自己的弱点，显示出不如别人的样子。久而久之，他们身上的优点就被自身和他人忽略了，而其弱点却更加明显，此时，这种人真的变成了失败者。

国外一位哲学家曾说："每个人都是自己命运的建筑师。"其实，成功与失败之间的距离，并没有我们想象得那么遥远。将弱点转化为强项，也没有我们想象得那样艰难，但绝非一件轻而易举的事，正如拿破仑·希尔所说，将弱点转化为强项并不容易，它需要你的不懈坚持与努力。

 小贴士 ——————— 怎样将自己的弱点转化为强项?

每个人都会有自己的弱点或缺陷。面对自己的弱点，人们往往变得谦卑或者沮丧。但事实上，强和弱本是相对的概念，是可以辩证地转化的。世界上没有十全十美的人，除了不懈的努力，最重要的是明白自己的弱点，并去克服它，化弱点为强项。以下 6 步是心理学家归纳的有效将弱点转化为强项的方法：

第 1 步，将自己的弱点研究透彻，然后设计克服它的计划。

第 2 步，详细列出自己想要达到的目标。

第 3 步，想象一幅自己成功地将弱势转化为强势时所发生的景象。

第 4 步，立即开始做自己所希望的强者。

第 5 步，针对自己最弱的地方，采取最强的手段。

第 6 步，寻求他人的帮助。

了解学生:
教师应学习的 18 种心理效应

如果教师在教育教学中恰当地运用一些心理效应，将会有效地激励学生学习，促其积极思考。

有位心理学家通过观察发现：两个同卵双生的女孩，她们的外貌非常相似，生长在同一个家庭中，从小学到中学，直到大学都是在同一个学校、同一个班内读书。但是她俩在性格上却大不一样：姐姐性格开朗，好交际，待人主动热情，处理问题果断，较早地具备了独立工作的能力。而妹妹遇事缺乏主见，在谈话和回答问题时常常依赖于别人，性格内向，不善交际。

是什么原因造成姐妹俩在性格上这样大的差异呢？研究表明，这主要是由于姐妹俩在成长阶段接收的心理效应所致。可见，心理效应对人的影响很大。

子曰："学而时习之，不亦说乎？"读书，自古以来在中国就是一件快乐的事。

然而，这种乐学好学的现象在今天的课堂似乎难寻踪迹。"我感觉学习真的是一件很痛苦的事！"不少孩子在不同学习阶段都发出过类似痛苦的呼声。教师苦口婆心地教，学生在课堂上无所事事、无动于衷……这种现象在今天的课堂屡见不鲜。

有研究表明，如果教师在教育教学中恰当地运用一些心理效应，将会有效地激励学生学习，促其积极思考。

那么，作为天天跟学生们打交道的广大一线教师，掌握一些什么激励学习的心理效应将有利于学生学习兴趣、学习潜能的激发呢？心理学家研究发现，适合于运用到教育教学中的心理效应通常有以下 18 种：

1. 瓦拉赫效应

这是关于诺贝尔化学奖获得者奥托·瓦拉赫（Otto Wallach）的故事。瓦拉赫在开始读中学时，父母为他选择了一条文学之路，不料一学期下来，教师为他写下了这样的评语："瓦拉赫很用功，但过分拘泥，难以在文学上有成就。"之后，他的父母又让他改学油画，可瓦拉赫的成绩仍然是全班倒数第一。对这个如此"笨拙"的学生，绝大部分老师认为他成才无望，只有化学老师认为他做事一丝不苟，具备做好化学实验的素质，建议他学化学。从此，瓦拉赫智慧的火花一下子被点燃了，最终获得了成功。

瓦拉赫的成功说明了这样一个道理：学生的智能发展是多元化的，每个人都有自己的强处和弱点，而每个人一旦找到了发挥自己智慧的最佳点并充分发挥，便可取得惊人的成绩。后人称这种现象为"瓦拉赫效应"。

2. 刻板效应

这种"对人产生一种固定而笼统的看法和刻板印象"的现象，在社会心理学中被称为"刻板效应"。无论什么时代，这种用老眼光看人的行为，通常会对人造成负面影响。

学校里经常可以见到这种现象：教师对那些天资聪颖、学习成绩优秀的学生，往往十分喜爱并非常器重和青睐；而对天资愚笨、学习成绩较差的学生，则往往表现出急躁、厌烦的情绪。实践证明，经常受到第二种"待遇"的学生，容易丧失学习信心和克服困难的勇气，产生消极、颓废的情绪。

3. 内卷化效应

长期停留在一种简单的层面，没有发展增长，没有任何变化和改观，水平稳定，不断重复，对即将到来的变化缺乏应变能力，这种自我懈怠、自我消耗的行为，被称为"内卷化效应"。对于受教育者来说，一旦进入内卷化状态，就会陷入自怨自艾、不思改变、不求进取、不谋开拓的状态，而从教者如果进入此状态，就会在工作中因陋就简、循规蹈矩、按部就班、不思进取。

4. 南风效应

法国作家拉·封丹（La Fontaine）曾写过一则寓言：北风和南风比赛谁的威力大，能把行人身上的大衣脱掉。北风大发威力，冷风凛凛寒冷刺骨，而行人为了抵御北风的侵袭，便把大衣裹得紧紧的。南风则徐徐吹动，风和日丽，行人因感到很暖和就解开纽扣，继而脱掉大衣。结果很明显，南风取胜。这就是"南风效应"的由来。

"南风效应"给人们的启示是：教师如果怒对学生拍桌、狂吼，甚至体罚，会使学生将心灵的"大衣裹得更紧"；教师如果采用和风细雨的教育方法，会轻而易举地让学生"脱掉大衣"，敞开心扉，达到教育目的。

5. 霍桑效应

位于美国芝加哥郊外的霍桑工厂是一家制造电话交换机的工厂，有较完善的娱乐设施、医疗制度和养老金制度等，但工人们仍愤愤不平，生产状况也很不理想。后来，心理学专家进行了一项试验，即在两年时间里由心理学专家找工人个别谈话两万余人次，规定在谈话过程中要耐心倾听工人对厂方的各种意见和不满。"谈话试验"后，霍桑工厂的产值大幅度提高。

"霍桑效应"说明，当教师耐心地引导学生尽情地说出自己在生活、学习中的困惑和成长中的不满时，学生会有一种发泄式的满足，会感到轻松、舒畅。如此，他们在学习中就会更加努力。

6. 迁移效应

在学习心理学中，先行学习（A）对后继学习（B）的影响，称为"迁移效应"。它有三种方式：A 促进了 B，称为正效应；A 干扰和阻碍了 B，称为负效应；A 对 B 无任何影响，称为零效应。

这一心理现象给学习的启示是：一是要注意发现概念、原理的相同、相通之处。二是要注重具有规律性的学习方法的总结。三是要广泛地积累各方面的学习经验。四是要注意防止在学习和解决问题的过程中产生思维定势。

7. 反馈效应

反馈是物理学中的一个概念，指把放大器的输出电路中的一部分能量送回输入电路中，以增强或减弱输入信号的效应。心理学借用这一概念，以说明学习者对自己学习结果的了解会促进学习者更加努力学习。

"反馈效应"这一心理现象给我们的启示在于：一是在学习过程中要及时地进行自我反馈，避免盲目学习和不知学习结果的学习方式。二是重视老师在作业或试卷上所写的评语，认真总结自己学习上存在的优缺点，明确下一步的努力方向。三是正确对待自己的学习成绩，不骄不躁，不气不馁，继续努力。

8. 糖果效应

心理学家沃尔特·米歇尔（Walter Mischel）曾做过一次实验，他对一群 4 岁的孩子说："桌上有两块糖，如果你能坚持 20 分钟，等我回来这两块糖就给你。但你如果不能等这么长时间，就只能得到一块，现在就能得到一块！"对 4 岁的孩子来说，很难选择——孩子都想得到两块糖，但又不想为此熬 20 分钟；而如果想马上吃到嘴，又只能吃一块。

实验结果是：2/3 的孩子选择宁愿等 20 分钟得到两块糖。等待的孩子为了控制自己的欲望，有的把眼睛闭起来傻等，有的用双臂抱头不看糖，有的唱歌、跳舞，还有的孩子干脆躺下睡觉。而 1/3 选择现在就吃一块糖的孩子在实验者走开的下一秒就把那块糖塞到嘴里了。

12 年后，实验组再次追踪发现，凡选择吃两块糖、熬过 20 分钟的孩子现在都有较强的自制能力，充满信心，处理问题的能力强，非常坚强，乐于接受挑战；而选择吃一块糖的孩子，则表现为犹豫不定、多疑、妒忌、神经质、好惹是非、任性，顶不住挫折，自尊心易受伤害。

心理学上将这种甘愿为更有价值的长远结果而放弃即时满足的抉择取向，以及在等待中展示出自我控制能力称为"糖果效应"，亦称"延迟满足"。

9. 破窗效应

如果一名学生成绩不好或有些不良的行为习惯，通常人们会给他贴上一个"差生"或"坏学生"的标签。这种情况下几乎所有人都会戴上有色眼镜看他，只要他犯了一点小错，就抓住不放，乱扣帽子。

这种现象在心理学上叫"墙倒众人推"的"破窗效应"。这种效应在教育中有着很重要的借鉴意义。

10. 权威效应

美国心理学家曾经做过一个实验：在给某大学心理学系的学生们讲课时，向学生介绍一位从外校请来的教师，说这位教师是从德国来的著名化学家。试验中这位"化学家"煞有其事地拿出了一个装有蒸馏水的瓶子，说这是他新发现的一种化学物质，有些气味，请在座的学生闻到气味时就举手，结果多数学生都举起了手。

为何多数学生对无味的蒸馏水都举手表示有味道呢？这是由于社会心理学中普遍存在的"权威效应"在作祟。这种效应就是指说话的人如果地位高、有威信、受人敬重，则所说的话容易引起别人重视，并相信其正确性的心理现象。

11. 超限效应

这是一种由于刺激过多、过强或作用时间过久，从而引起心理极不耐烦或逆反的心理现象。

从心理学角度上讲，学生第一次挨批评时厌烦心理并不太大，但第二次其厌烦度会倍增，如果再来第三次、第四次……其厌烦心理就会以几何级数增加，说不定因而演变成反抗心理。所以，在教育过程中，转变后进生不是一劳永逸的，其转化一般要经过醒悟、转变、反复、巩固、稳定的过程，甚至会出现几次较大的反复。在此过程中，教师不能动辄就"翻老账""揭老底"，要防止"超限效应"的消极影响。

12. 詹森效应

曾经有一名运动员叫詹森，平时训练有素，实力雄厚，但在体育赛场上却连连失利。因此心理学上把那种平时表现良好，但由于缺乏应有的心理素质而导致竞技场上失败的现象称为"詹森效应"。

心理学家发现，这一现象产生的主要原因是得失心过重和自信心不足。

13. 霍布森抉择效应

英国剑桥商人霍布森贩马时，把马匹放出来供顾客挑选，但附加一个条件即只许挑选最靠近门边的那匹马。对这种没有选择余地的所谓"抉择"，后人讥讽为"霍布森抉择效应"。

在学习中，教师应该给学生以更多的选择权。因为如果让学生陷入"霍布森抉择效应"的困境，就不可能充分发挥学生的才能、挖掘出学生的潜力，更谈不上学生创造性地学习了。

14. 晕轮效应

美国社会心理学家所罗门·阿希（Solomon Asch）做过一个实验，给被试者一张列有聪明、灵巧、勤奋、坚定、热情等 5 种品质的表格和一张列有聪明、灵巧、勤奋、坚定、冷酷等 5 种品质的表格，让被试者想象这两类人是什么样子，结果产生了一个完全不同的形象。实验表明，尽管其中有 4 种品质相同，但热情与冷酷，不但影响了对一个人总体上的认识，还影响了对一个人其他品质的认识。

这种评判一个人在某方面的业绩和表现时，由于评判者受对被评判者在其他方面的印象的影响而作出偏高或偏低判断的倾向，叫"晕轮效应"。教育实践证明，克服"晕轮效应"的关键是，教师要深入到学生中，准确、全面地掌握学生的思想状况和情感波动，切忌用主观的情感或片面的认识对学生进行总体判断。

15. 马太效应

"马太效应"是指好的愈好，坏的愈坏，多的愈多，少的愈少的一种现象。1968 年，美国科学史研究者罗伯特·莫顿（Robert Merton）提出这个术语用以概括这一社会心理现象。

通常，学校教育中的"马太效应"可概括为：对学习成绩好的学生给予充分的教育和越来越多的照顾，对于学习差的学生给予不足的教育或很少给予照顾。

16. 角色效应

本文伊始所说的两个同卵双生的女孩，在生下来后，她们的父母就责成先出生的为"姐姐"，后出生的为"妹妹"。要求姐姐必须照顾妹妹，要对妹妹的行为负责，同时也要求妹妹听姐姐的话，遇事必须同姐姐商量。这样，姐姐不但要培养自己独立处理问题的能力，而且还扮演了妹妹的"保护人"的角色；妹妹则自然充当了被保护的角色。

长大后，两姐妹的个性就出现很大差异。这就是心理学上讲的"角色效应"导致的。同样，学生在校、班、组中所充当的角色，也会影响其性格，通常担任班干部的学生自尊心、责任心、活动能力等都相对较强。

17. 罗森塔尔效应

1968 年，罗森塔尔到一所学校做实验，对学生进行智力测验。测验后罗森塔尔告诉老师们一个名单，说这些孩子属于大器晚成者。事实上，名单上的孩子只是随机从学生中挑选出来的。可一学期后，当罗森塔尔再次对这些学生进行智力测验时，发现他们的成绩显著优于第一次测得的结果。

这种结局是怎样造成的呢？其实罗森塔尔的话只是"权威性的谎言"，

这种谎言效应的产生基于四个社会教育心理机制：一是气氛，即对教师高度的期望而产生了一种温暖、关心、支持的良好气氛；二是反馈，即教师对所寄予期望的学生给予了更多的鼓励和赞扬；三是输入，即教师向学生表明对他们抱有高度的期望；四是鼓励，即教师对学生学习中作出的反应给予了真挚的鼓励。

18. 从众效应

社交媒体上的点赞、转发、评论等行为都可以看作是一种社交信号，它们可以影响其他人的行为和观点。当一个帖子被很多人点赞或者转发时，其他人也会认为这是一种受欢迎的观点或行为，从而跟着去点赞或者转发。这样一来，这个帖子就会被越来越多的人看到和关注，从而形成了一个社会热点。

这种现象说明：人们都有一种从众心理。生活中由于从众心理而产生的效应，称为"从众效应"。鉴于此，教师在教育中应该建立积极的舆论氛围，加强正确的舆论引导，形成良好的学习风气。

 小贴士 ———————————— 心理学中常见的其他心理效应

1. 首因效应。"首因效应"是说人们根据最初获得的信息所形成的印象不易改变，甚至会左右对后来获得的新信息的解释。

2. 近因效应。"近因效应"是指在人际沟通过程中，知觉对象最近给人留下的印象。

3. 瓶颈效应。"瓶颈效应"反映的是一定社会心理过程中各个因素、环节的相互关系。社会角色扮演者在进行某项创造活动时，在从事某一学习、工作和生活的角色行为时，要求与之相关的各因素、环节配合与协调并进，其中如果某一因素和环节跟不上，就会成为"瓶颈"卡住整个活动和某一行为的正常进行。

4. 暗示效应。"暗示效应"是指在无对抗的条件下，用含蓄、抽象诱导的间接方法对人们的心理和行为产生影响，从而诱导人们按照一定的方式去行动或接受一定的意见，使其思想、行为与暗示者期望的目标相符合。

5. 奖惩效应。奖励和惩罚是对学生行为的外部强化或弱化的手段，它通过影响学生的自身评价，能对学生的心理产生重大影响，由奖惩所带来的行为的强化或弱化就叫作"奖惩效应"。

6. 门槛效应（层递效应）。法国心理学家查尔迪尼（Chardini）在替慈善机构募捐时，仅仅是附加了一句话"哪怕一分钱也好"，就多募捐到一倍的钱物，这就是著名的"门槛效应"，这一效应的基本内容就是由低要求开始，逐渐提出更高的要求。

7. 链状效应。有一句俗话是"近朱者赤，近墨者黑"，在心理学上这种现象被称为"链状效应"，它是指人在成长中的相互影响作用。

8. 花盆效应。"花盆效应"又称"局部生境效应"，花盆是一个半人工、半自然的小生态环境。首先，它在空间上有很大的局限性。其次，由于人为地创造出非常适宜的环境条件，在一段时间内，作物和花卉可以长得很好。但一离开人的精心照料，经不起温度的变化，更经不起风吹雨打。

9. 蝴蝶效应。"蝴蝶效应"是指在一个动力系统中，初始条件下微小的变化能带动整个系统的长期的巨大的连锁反应。一个坏的微小的机制，如果不加以及时地引导、调节，会给社会带来非常大的危害，被称为"龙卷风"或"风暴"；一个好的微小的机制，只要正确指引，经过一段时间的努力，将会产生轰动效应，或称为"革命"。

10. 手表效应。大家都有这种体会：一个人如果只有一只手表，他知道现在几点了；如果有两只手表，他往往不知道现在几点了。也就是说，他无法知道哪一只手表更为精确，于是他也就无法确定精确的时间，这就是"手表效应"。

优秀教师的
5 种心理能力

教师的心理素质不仅是一个教师个人专业发展的问题，它还与教师为人师表、师生关系、教师品格、学生成长等问题密切相关。因此，加强教师心理素质培养和自我修炼，提升教师的心理能力，已成为当前教育领域中不可忽视的问题。

你的计算能力如何，你的语言能力如何，你的推理能力如何……教师的心理素质不仅是一个教师个人专业发展的问题，它还与教师为人师表、师生关系、教师品格、学生成长等问题密切相关。因此，加强教师心理素质培养和自我修炼，提升教师的心理能力，已成为当前教育领域中不可忽视的问题。

亲爱的老师，你知道什么是心理能力吗？你对自己的心理能力知道多少？

心理能力，即从事心理活动所需要的能力。美国心理学家瑟斯顿（Thurstone）认为，心理能力是由 7 种基本因素构成的，即：

（1）计算能力：快速而准确计算的能力。

（2）言语能力：理解读到和听到的内容，以及词汇之间关系的能力。

（3）词的流畅性：通畅快速地使用语言的能力。

（4）推理能力：包括归纳推理和演绎推理能力。归纳推理即鉴定一个问题的逻辑后果，并解决这一问题的能力；演绎推理即运用逻辑评估一项有争论的问题的能力。

（5）空间视知觉：当物体的空间位置变化时，能想象出物体形状的能力。

（6）知觉速度：迅速而准确辨认视觉上异同的能力。

（7）记忆力：保持和回忆过去经历的能力。

通常情况下，一个人的心理能力是他自身心理素质的直接体现。心理学上把能够直接影响人的活动效率，使活动的任务能够顺利完成的个性心理特征称为能力。

对于从事教育工作的教师而言，必须具备以下 5 种基本的心理能力——

1. 角色适应力

这种能力是教师教书育人的基础。在教育工作中，教师是否具备"教书育人"这一角色所应有的心理素质，是否能适应千变万化的社会和学校环境，这些都是教师做好教育工作的基本条件。

教师能否胜任"教书育人"这一社会职业角色，关键在于教师能否适应角色转换，能否适应在教育思想观念、工作方式、人际关系、生活环境方面等多重角色的转换。从现实的情况看，教师是否做到既传学问之道，又传做人之道，更解成长之惑，直接关系着教育是否成功。

2. 心灵感悟力

这种能力是教师尊师爱生的基础。心灵感悟力是一个人对自己或他人的心理感受能力。在教育生活中我们不难发现，心灵感悟力强的教师不仅能读懂自己的心声和体验，而且能很好地破译学生的心理感受。他们特别善于透过学生的外显行为，迅速、准确地理解学生的最初感受和行为动机，及时给予帮助和鼓励。他们特别擅长走进学生的心灵世界，深刻体验学生的内心感受，客观地理解学生，宽容地对待学生。这类教师容易与学生建立"尊师爱生，师生平等"的新型师生关系。

3. 情绪控制力

这种能力是教师为人师表的基础。研究表明，教师情绪控制力是一个极为重要的教育手段，控制力强会给学生心灵带来慰藉，控制力弱会给学生带来难以弥补的伤害。控制力强的教师，可以为了长远目标而牺牲既得利益，可以为了追求教育效果不在乎或不计较眼前的自我得失。他们通常以积极的情绪状态投入到教育教学活动中，目标坚定，行动果敢而富有效益。

通常情况下，教师在教育中处理问题的情绪化倾向，都会对学生产生意想不到的结果。如有的教师心情烦躁时，往往迁怒于工作，喜欢拿学生出气。这种连自己心情都无法控制的教师，是不可能很好地为人师表的。

4. 心理承受力

这种能力是教师诲人不倦的基础。心理承受力是指个体抵抗既定事实或意外打击的能力。大千世界，世事沧桑，很多事情是难以料定的。但是，一个能够抵抗住命运挑战的人，无论是承受苦难还是经历幸福，都不会气馁或忘形，这种人在生活中既经得起赞扬，也受得住委屈，往往是逆境中的强者，顺境中的智者。

于教师而言，需要协调的关系通常有四种，即社会、学校、家庭和学生四个方面，协调过程中难免会遇到一些这样那样的不顺利和挫折，如面对屡教不改的"后进生"，评职称不顺利，等等。这种情况下，需要教师去寻找解决问题的方法。而在这个过程中，教师的心理承受力是事情得以解决的基础。

5. 教育表现力

这种能力是教师机智的基础，教师机智是教师教育工作的一个必要素质。对个体的每个人而言，都有一种表现自我以获得认同，甚至超越他人的本能倾向。这种心理现象反应到教师职业中就表现为教师的教育表现力，这是教师个人的本能倾向在教师职业的专业化过程中的发展。一般而言，教育表现力强，不仅意味着个体敢于展示自我，更意味着教师在职业工作中善于发展自我。所以有观点认为，教育表现力既凝聚着教师个体对教育教学技能的掌握，也凝聚着教师个体自我意识的成熟，是教师自尊、自信、自强、自立的集中体现。

综观近年来成长起来的优秀教师，在角色适应力、心灵感悟力、情绪控制力、心理承受力、教育表现力等方面都凸现出超越普通教师的能力。从心理学的角度说，心理能力是可以培养和磨砺的，但是非一朝一夕就能锻炼出来。亲爱的老师，当我们了解了自身的心理能力后，我们是否开始着手提高和改进自己了呢？

 小贴士 ————————————— 分析一下你的性格特色

亲爱的老师，对你的性格进行自我分析，看看怎样的方式可以帮你在事业上加分，让你再上一层楼。将每一题的分数相加起来，再比对最后的结果。现在就开始吧。

1. 听说难得一见的流星雨要来了，你的反应是:(   )

   A. 没兴趣，连新闻都懒得看（1分）

   B. 有点好奇，顶多看看新闻转播就满足了（3分）

   C. 我是追星一族，当然要留下珍贵的回忆（5分）

2. 你平常多久会去逛一次百货公司呢?(   )

   A. 我想想……上一次逛好像是十年前的事了（1分）

   B. 平常不会主动去，路上经过就会进去看看（3分）

   C. 闲着没事就可能会去逛逛（5分）

3. 你听的音乐通常都是哪种类型呢?(   )

   A. 我比较适合听某一种类别的音乐（1分）

   B. 凭感觉，有些歌一听就会马上爱上它（3分）

   C. 不固定，很多歌都是要听几遍之后才知道它的美妙（5分）

4. 你平常的交通工具有上锁的习惯吗?(   )

   A. 治安不好，只好多装几道锁（1分）

   B. 会另外加装一道安全锁，求个心安理得（3分）

   C. 只锁基本配备锁，我没那么倒霉（5分）

5. 闲来无事，你会跑去压马路吗？（　　）

　　A. 会的，不过多半在附近绕圈子（1分）

　　B. 会呀，而且会去比较远、平常较少去的地方（3分）

　　C. 我喜欢到从来没去过的地方来个大冒险（5分）

6. 你平均每天到工作地点需花费多久时间呢？（　　）

　　A. 10分钟以内（1分）

　　B. 10～30分钟左右（3分）

　　C. 半小时以上（5分）

7. 会不会每天早上一起来，就很不想去单位？（　　）

　　A. 难免，不过次数不会太多（1分）

　　B. 次数算算还不少，跟心情好坏有很大的关系（3分）

　　C. 只有阴雨天我会不想去公司（5分）

8. 你平常是否有饲养宠物的习惯？（　　）

　　A. 天啊！你怎么知道？我超喜欢小动物的（1分）

　　B. 我有养宠物，只是它们的一些毛病也会让我很烦（3分）

　　C. 没有，我很少或从来没有养过宠物（5分）

9. 如果可以在高88层的大厦租个楼层来工作，你会选择：（　　）

　　A. 50层，不会有人烟之纷扰，安全、视野也不错（1分）

　　B. 当然是最高层，我喜欢站在最高点的感觉（3分）

　　C. 一楼，这样我到哪里都会比较方便（5分）

10. 你洗澡的时候，通常是从哪个地方开始涂肥皂呢？（　　）

　　A. 我会先洗脸（1分）

　　B. 从身前开始（3分）

　　C. 其他部位（5分）

诊断分析：

▶ **20分以下：真材实料型**

你的创意及开创性不足，适合你的工作并不多，可你却是专业领域里炙手可热的人物。

▸ **20 ～ 30 分：老谋深算型**

你很懂得谋略，知道如何避重就轻，运用技巧来包装自己以此为自己的形象加分，也可掩饰工作上的不专业。广结善缘的人脉也是你在这个领域能屹立不倒的一项因素。

▸ **31 ～ 40 分：脱颖而出型**

你很有自己的想法，也喜欢贡献自己的意见，只是每次总没办法引起共鸣，常常都是差了临门一脚、有形无髓，自己也不知道问题到底出在哪里。你欠缺的只是神来一笔的启发而已。

▸ **超过 41 分：灵思泉涌型**

你的专业或许不足，可是你的创意十足。不要去找固定模式的工作类型，那样只会拖累你自己。

优秀教师的
12 种心理素质

　　教师对学生的影响不仅体现在育人的外在形式上，更多地则反映在育人的本质内容上，即学生适应社会的能力，学生人格的成长。因此，要想成为一名优秀的教师，良好的心理素质是前提条件。

　　这是来自国外教育家概括的优秀教师具备的 12 种心理素质：

　　（1）耐性——"他决不会放弃，直到你学会为止。"

　　（2）尊重课堂内的每一个人——"他不会把你在其他同学面前像猴子般戏弄。"

　　（3）友善的态度——"他的课堂犹如一个大家庭，我再也不怕上学了。"

　　（4）兴趣广泛——"他能带给我们课堂以外的知识。"

　　（5）良好的仪表——"他的语调和笑容使人感到舒畅。"

　　（6）公正——"他会给你应得到的，没有偏心。"

　　（7）幽默感——"他每堂课都会带来一点欢乐，使课堂不致单调乏味。"

　　（8）良好的品性——"我相信他也会发脾气，不过我从未见过。"

　　（9）关心人——"他会帮助我认识自己，我的进步全靠他。"

　　（10）宽容——"他装着不知道我愚蠢。"

　　（11）诚实——"当他发现自己有错，他会说出来。"

　　（12）有办法——"忽然间，我能顺利完成很难的作业，我却没有觉察到这是因为他的巧妙指导。"

这 12 条，有对教师的仪态、仪表的要求；有对教师的学识、为人的要求；还有对教师的教育态度、教育方法、教育机智等一系列的要求。

"你幸福吗？""你快乐吗？""你今天笑过几回？""你心理健康吗？"这是在一所学校举行的心理健康讲座中主讲者向老师们提出的几个问题。心理健康问题已经成了当今最重要的社会问题。面对信息时代的瞬息万变，知识更新的节奏加快，新课改如火如荼，竞争与风险并存，给教师带来了成功的机遇，也带来了无法回避的挑战和压力。教师行业因此而产生的压力和心理健康问题比其他职业更为严重。

的确，随着社会的全面进步，知识的不断更新，教师作为精神领域的开拓者，在传递科学文化知识时，其工作性质不再是单纯的知识传授，更要注重学生的成长和发展。教师对学生的影响不仅体现在育人的外在形式上，更多地则反映在育人的本质内容上，即学生适应社会的能力，学生人格的成长。因此，要想成为一名优秀的教师，良好的心理素质是前提条件。

教师应该具备什么样的心理素质呢？林崇德教授将教师的心理素质定义为："教师在教育活动中表现出来的，决定教育教学效果，对学生身心发展有直接而显著影响的心理品质的总和。"

综合近年来若干优秀教师的特质不难发现，优秀教师心理素质的内容非常广泛，但主要表现在以下 3 个方面：

1. 教育教学机智过人

教师的教育教学机智是教师从事教育工作的一种重要的心理能力，也是教师进行有效教育教学的一种重要素质。

他对教育突发情境能作出积极反应，对教育突发情境能作出果断决策，对教育突发情境能作出灵活处理——一位优秀教师，通常在教育教学中表现出过人的教育机智。

2. 教育教学能力强

"你现在的职业就是最好的职业，世界上没有最好的职业，我们应尽快地熟悉自己的工作环境、工作对象（学生），上课坚决不能拖堂。"优秀教师通常十分热爱并胜任自己的职业。

可见，教师的教育教学能力在教师心理素质中居于中心地位。它不仅会影响学生的学习动机和学习效率，而且会影响学生的智力品质和个性发展，因此提高教师的教育能力显得尤为重要。

3. 拥有人格感染力

教师的人格力量，往往是影响学生接受教育的一个重要因素。优秀教师通常具有强烈的人格感染力，而这种人格感染力来自其优良的个性品质。

一是正确的价值观。唯有具备正确的价值观，教师才能以发自内心的价值标准来教育学生，而不是被动地服从于外在的道德规范。

二是合理的职业动机和浓厚的职业兴趣。教师，要爱这个职业，要有强烈的职业成就动机，这是保证教育的质量、发挥教师的创造性的前提，如此，才能对自己的职业有稳定的热爱和积极的探究热情。

三是坚强的意志力。"学生是没有定型的人，需要你帮助的人，应该给予足够的耐心。"教育是艰巨的、长期的过程，需要教师具备坚强的意志力。这种意志品质的重要性体现在：一方面，教师在教育中能克制自己的烦躁、失望等不良情绪，冷静地分析原因，坚决地完成教育工作；另一方面，教师的自信、坚定的态度本身就具有教育作用，可以使学生增强信心、稳定情绪，鼓起克服困难的勇气。

上课认真，语言清晰、幽默，板书工整，不拖堂；对人和气，无偏见；对犯错误的学生，不讽刺打击；改作业细致认真，百问不厌；以身作则……

这是一所学校在调查学生喜欢的教师类型时总结出来的好教师的特点。

事实证明，优秀教师所具有的独立自主、意志坚定等个性品质往往会深深地感染学生，带动学生的发展。同时，优秀教师的言行举止、人格魅力也会对学校的其他教师产生辐射效应，是其他教师模仿学习、提高自身心理素质的典型范例。

从近年来国内外对教师心理健康现状的调查研究结果看，许多教师都存在着不同程度的心理问题，如紧张、焦虑、抑郁等。如何提高教师的心理健康水平和心理素质？教师自己应该怎样进行心理自我调适？在此介绍以下 5 个方法：

1. 主动宣泄。教师面对各种压力，要学会辩证地看待问题，及时进行自我调节，让郁积在心里的不快得到释放、宣泄。通常可以通过倾诉、大声朗读、游戏或运动等方法将心中的想法、内心的苦闷甚至是难以启齿的秘密统统宣泄出来，以缓解精神压力。

2. 情绪放松。教师产生心理问题的原因，主要是紧张、焦虑等情绪造成的，而紧张、焦虑又是由各种各样的压力引起的。心理学的研究表明：高压力的工作会降低工作效率，影响身心健康及个人发展；而无压力的工作使人觉得单调乏味，兴趣索然，同样会降低工作效率；适度的焦虑对于提高工作效率有着良好的推动作用。通常情况下，可以通过调息放松、想象放松、肌肉放松等方法让紧张心理得以缓解，降低个体对焦虑的易感度。

3. 注意转移。采取迂回的办法把自己的注意力、情感和精力转移到其他活动上去，使消极的情绪在蔓延之前就被一些因素干扰，不再恶化，朝着良性方面发展。比如，当教师与学生产生矛盾冲突时，教师首先应该冷静，明确自己的身份和职责，不在气头上说过头话，做过头事，而应转移注意力，待冷静之后再作处理。此外，如果教师是因为疾病、家庭中意外事故、人际关系等出现消极情绪，应尽量地克制，不迁怒于别人尤其是学生，应迅速地把注意力转入对学生的教育工作中去，以工作中取得的成绩所带来的成就感来减轻内心的痛苦，心情会自然而然地改变。

4. 自我暗示。自我暗示是一个心理学概念，它是运用内部语言或书面语言的形式来进行自我情绪调节的方法。积极的自我暗示有一种神奇的力量，可以启动和控制潜意识能量，调动非智力因素，以此来调整心态，补充精神动力，坚定成功信念，进而自觉地努力，以达到主体追求的效果。而消极的自我暗示会使人陷入低落的情绪之中，久而久之，潜意识的东西就会逐渐上升到意识层面，将个体引入消极的生活状态中，不能自拔。通常情况下，教师可以通过调整自己、肯定自己等进行积极的自我暗示：别人能行，我也一定能行；我的优势还是很多的；坚持下去就一定会成功。

5. 积极认知。认知，就是我们看待事物的方式，它包括一个人的思想观点，阐述事物的思维方式，评价是非的标准，对人对事的基本信念等。通常情况下，改变认知可以改变我们的消极情绪。热爱自己的工作、能正确认识自己和别人的教师常常能拥有健康的认知。

边慧英："我的三次美丽转身"

在近 19 年的从教生涯中，她辛勤耕耘，潜心磨砺，在一个个拐点面前，凭着多年形成的良好的心理素质，不断挑战自己，完成了自己三次美丽的转身。

她，就是边慧英，江西省玉山一中的地理特级教师，曾获"全国模范教师""全国三八红旗手"等荣誉。

"边老师，晓岚的急性阑尾炎犯了，刚送到医院……"电话这头，边慧英老师让学生不用着急，她凌晨就可以赶过去。挂完电话，边老师的手机上显示的时间是 2008 年 3 月 2 日 23 点 25 分。

此刻，边老师正在杭州回玉山的火车上，她刚参加完"高中地理新教材培训会"。凌晨 3 点半，她拎着包从火车站赶到了医院，让帮忙的学生和老师回去休息，不顾旅途疲劳当起了"保姆"……

类似一幕，在边慧英老师的教师生涯中并不鲜见。留着粗大辫子的边老师给学生留下的印象就是大姐姐，"有什么事我们都找姐姐帮忙"，面对记者，一群学生笑着说道。

在近 19 年的从教生涯中，边慧英辛勤耕耘，潜心磨砺，在一个个拐点面前，凭着多年形成的良好的心理素质，不断挑战自己，完成了自己三次美丽的转身。

第一次美丽转身：放弃地球仪改拿三角板

——学非所用，但她认为这是锻炼自己的好机会

1989年，毕业于江西师范大学地理系的边慧英，被分配到玉山一中，成为一名高中地理老师。

边老师认为她是幸运的人。1989年11月，工作不到3个月，参加上饶市青年教师板书比赛获得三等奖；1990年，又获得上饶市青年教师高中地理优质课比赛二等奖……边老师来玉山一中前，该校原地理组的教研组长一直念叨，"地理组后继无人啊"，自从边老师到这之后，该教研组长见人就说："玉山一中地理有希望啦！"

正当边老师在高中地理教学上日益得心应手之时，1994年，因缺少数学教师，学校希望她"改行"到初中部教数学。"边老师，委屈你了……"，面对欲言又止的老校长，边老师欣然受命。

在一般人眼里，学地理，教数学，学非所用，更何况，地理刚教得得心应手。但边老师却认为这是锻炼自己的好机会，"只要肯下功夫，就一定能教出名堂"。走出校长办公室，边老师用常拿地球仪的手，毅然拿起了圆规、三角板……

数学并不好教，由于当时学校正进行年级组长聘任制，而这位年级组长对地理老师教数学这件事并不买账，边老师差点因此被炒鱿鱼，但随后，边老师却在同事怀疑的目光中先后捧回了县、市、省数学优质课比赛一等奖的奖杯。在担任数学教师的第三年，边老师代表江西省参加全国初中青年教师优质课比赛获得二等奖。当人们得知，站在前面，捧着奖状的年轻女教师，在大学四年学的是地理专业时，不由惊叹道："真是半路杀出个程咬金。"

边老师自己尝到了数学的甜头，她的学生也享受到了数学带来的成功：1996年，由她任教辅导的学生获得全国初中数学奥林匹克竞赛二等奖；1997年，她任教辅导的学生参加全国初中数学奥林匹克竞赛获得一个一等奖、四个三等奖。

第二次美丽转身：放弃三角板重拾地球仪

——放弃成绩，但是却成为当时江西省最年轻的特级教师

正当边老师在初中数学教学界的名声越来越大的时候，她的教师生涯又出现了一个拐点。1997 年，玉山一中承担高中新课程方案的试点工作，由于老教师相继退休，地理教师明显不足，学校领导再次找到边老师，希望她能够重返地理教研组，并承担高中新教材的试验任务。放下得心应手的圆规、三角板，边老师还真有点舍不得，但她没有退缩，再次拿起了地球仪。

"为了更好地完成试验任务，那段时间天天都要忙到凌晨，备课、学习新大纲、钻研新教材……"那时候，边老师的儿子刚上幼儿园，为了尽快让自己适应高中教学，接送孩子的任务也落在了她爱人的头上，"直到现在都觉得还亏欠他们"，边老师说她是个幸福的人。

为了更好地完成新课程计划的一个重要组成部分——活动课的教学任务，边老师根据玉山县城独特的自然和人文景观，结合高中地理知识编写了一套《玉山一中普通高中地理活动课教材》，使学生能够更系统、更有效地学习到地理技巧和方法。在教学中，边老师还刻苦钻研新教材教法的改革，设计制作的地理教学软件极大地帮助了其他地理老师，提高学校整体教学效益。

辛勤的汗水总会换来鲜花怒放。2001 年 6 月，教育部领导与 13 名中央媒体记者到玉山一中调研研究性学习课程的情况，边老师指导学生进行的"玉山县旅游度假村的规划设计""冰溪河的过去、现在和将来"等课题受到大家连连称赞，"没有想到在你们这样一个县城的高中里，居然能如此好地领会大纲精神，并能将课程的研究工作开展得如此有声有色，你们学校教师的敬业精神和教研风气真是值得许多的学校好好学习啊"。

每个老师都梦想着成为一名特级教师，2004 年，边老师被评为特级教师，成为当时江西省最年轻的特级教师。然而，边老师并没有停止前进的步伐，边老师在上课之余还带领地理组的同事们完成了《玉山地理》这一乡土教材的编写工作，这又一次填补了玉山县教育史上的一项空白，使玉山的孩子们第一次有了介绍自己家乡的书。如今她又开始着手"可爱的玉山"这一校本课程的编写工作，以让玉山的孩子们更好地了解家乡、热爱家乡。

第三次美丽转身：从模范教师到人大代表

——身兼数职，做永不休息的陀螺

"全国模范教师""全国三八红旗手""上饶市人大代表""玉山县政协委员"……虽然拥有诸多荣誉，但是边老师给人的感觉却是朴实的，带着英气，没有距离的。边老师的为人处世也深受老师同学的喜爱，而她更是被大家称为"永不休息的陀螺"。

工会副主席、团委副书记，做起这些工作，边老师也没有半点马虎，各项活动开展得红红火火，比如"进教职工家门，知教职工家情，解决教职工家难，暖教职工家心"等活动，为教职工服务，为教职工排忧解难；安排的"学生夏令营"活动，则让学生熟悉了三清山、圭峰、江朗山等地的地质地貌，既增长了专业知识，也开阔了视野。

2002 年，身兼数职的边老师再次向困难发起挑战。当时，校长希望边老师担任高三某班班主任，而这个班纪律较差在学校都出了名。边老师接手后，摸索出了"用爱心去管理班级"的工作思路。边老师对班级的每一个学生进行家访，并建立了学校、家庭通讯手册，只要学生一有进步就通过通讯手册向家长汇报，并通过手册了解学生在家的情况。学生出现问题并不是立即通报家长，而是找学生谈心，帮助学生改正错误，以获得学生的信任。同时还根据学生的特点，精心设计主题班会，慢慢地，学生也很愿意在班会上袒露自己的心声，抒发自己的思想和抱负。一年后，奇迹终于出现了，全班 47 名学生，有 11 人考上一本，30 人考上二本，这一成绩在整个年级都排在前列。当年毕业的学生在学校的网站上留言："边边，我们好爱你啊！边老师真是好老师，玉山一中要能多些这样的老师，离国家重点高中也就不远了！"

1998 年以来，边慧英还担任了玉山县第八届、第九届政协委员，她积极广泛地联系群众，认真调查研究，了解社情民意，反映群众的呼声，以积极参政议政的负责态度，赢得了群众的高度赞扬。2000 年起，边慧英又接连当选为上饶市第一届、第二届人大代表。从当选为人大代表的那天起，边老师就在备课本上写下了这么一句话："力争做高尚道德的弘扬者，先进知识的传播者，群众利益的维护者。"她说，这是她的第三次美丽转身：从一名普通的教师到一名有更多社会责任的公民。在担任人大代表期间，她将基层教师的声音带到了会议上，成为当年会议的一大亮点。

"人生就是选择，我选择了讲台，因为在这里我找到了我的归宿。"边老师在众多光环下，一再表示，自己只是一名普通的高中地理老师，一名普通的班主任，"以后的道路上，还有很多的事情等着我去经历，还有很多的汗和泪等着我去挥洒，但我仍将手握三尺教鞭，以灿烂的微笑去迎接新的挑战"。

（郑祖伟）

 小贴士 —————————————————— 边慧英语录

- 爱是一棵树，从我接过教鞭的那一刻起，这棵树就已经悄悄地生根、发芽、伸展开枝桠，形成了一片生命与事业的绿荫。每一片叶子，都是一份理解、一份真诚、一份鼓励、一份期待。正是这爱的力量，使我获得了一个个荣誉、一项项成绩。我想说，是爱，对教育事业深深的爱，对学生深深的爱，造就了一个成功的我，那么，我又有什么理由不保持这份执着的爱，不固守这份真诚的爱呢？

- 一个人要懂得生命的迂回，在没有机遇时要善于储藏智慧，而不怨天尤人。在我们的成长过程中就应像河流一样，在遇到山石或者草丛的阻挡时，要懂得迂回而过，从而锻炼了生命。我们甚至可以认为，河水的流动是循序渐进的，如同我们的生命，总是能听到快乐的人生之曲。

- 只有学生的健康成长才是教师的最终目的和无上快乐。因此，当我站在讲台上授课的时候，我感到幸福，因为从学生稚气的脸上，我看到了他们对知识的渴望，以及获得知识后的那种满足；因此，当我在地理活动课上，与同学们共同为家乡的发展献计献策的时候，我感到幸福，因为那是我在用自己创造性的劳动为下一代的成长而努力；因此，当我带领学生进行课题研究的时候，我感到幸福，因为我在辛勤耕耘的同时，仿佛看到了浓浓的绿荫和累累的硕果；因此，当我看到学生们走向社会，在不同的岗位上各展其才的时候，我感到幸福，因为透过他们，我看到了祖国的未来，事业的兴旺，看到了人类灿烂的美好前景。正是这幸福，让我深深地爱上了教师这一岗位，更爱上了这一群与我朝夕相处的孩子们。

第二章

做你自己：

优秀教师的个性资本

做个性教师

　　"成为你自己！"这句镌刻在奥林匹斯山石上的名言，是无数成功之士矢志不渝的方向。

　　一个品质优良、学养深厚、个性突出的教师，一定会得到学生的真正尊敬，并对学生的成长产生深刻的影响。

　　什么是个性？《辞海》解释说："在心理学上亦称人格。指个人稳定的心理品质。包括两个方面，即心理倾向性和个性心理特征……"正是因为有了个性，这个世界才丰富多彩起来。人们常说"人心不同，各如其面"。因为人心不同，于是就有了各种各样的人。杰出的人虽有其共同之处，但因其个性不同，就有各自不同的奋斗目标、道路、原则和成就；芸芸众生表面上看起来似乎没有多大差别，但也因其个性不同，其生活方式、处事态度也完全不同，因而他们的命运也会不同，有的甚至有天壤之别。

　　日本著名企业家、教育家松下幸之助曾说："我们不必羡慕他人的才能，也不需悲叹自己的平庸；每个人都有他的个性魅力。最重要的，就是认识自己的个性，而加以发展。"

　　"成为你自己！"这句镌刻在奥林匹斯山石上的名言，是无数成功之士矢志不渝的方向。

　　在实施素质教育的今天，培养学生的创新意识和创新能力成为新时代教育的目标，而个性是创造的前提，"千人一面，万人一腔"的教育模式，难以培养出创造性人才。要培养具有创新意识和创新能力的人才，我们的教育领域就应该有越来越多能够"成为你自己"的个性教师。

教师的个性是教师知识、技能、素养的综合表现，是情感、意趣、人格的集中展示，是不墨守成规的探索，是不人云亦云的创造，是对现实的强烈追问、对保守的透彻批判，是对困惑的坚韧思考、对体制的顽强挑战，是对现状的踏实开拓、对理想的执着攀登。其核心价值表现为一种崇高的精神追求，其终极目标表现为一种破中有立的建设。教师的个性应该是符合教育规律，有利于促进学生发展，建立在教师良好品德、人文素养的基础上的；是不过分计较得失、不轻易畏惧强权、动摇屈从，保持独立人格和尊严，捍卫和发展真理的。

我们不能想象，一个没有个性的教师怎么能培养出一个个鲜明的、具有创新精神和能力的人才？反之，一个品质优良、学养深厚、个性突出的教师，一定会得到学生的真正尊敬，并对学生的成长产生深刻的影响。个性化的教师，一定温暖如阳光；个性化的教师，一定灵动如甘露。有个性的教师更能够吸引学生，他们的课堂教学更是折射出人的天性，学生的创造热情需要由不同个性的教师来培养和催发。

德国伟大的数学家、哲学家莱布尼茨（Leibniz）说过，世界上没有两片完全相同的树叶。个性，是一个人的立身之本。人的才华通常是由人的个性表现出来的。从某种意义上说，人无个性必平庸。

苏霍姆林斯基说过："一个无任何特色的教师，他教育的学生不会有任何特色。"注重个性发展的素质教育呼唤有个性的教师，教师的个性会强有力地影响学生的智慧、情感和意志的发展。

作为一种特殊的职业，教师的个性具有社会化和个人化双重特性，既带有明显的个人的气质魅力，又带有职业规范所要求的特点，当然要受到教育规律的制约。个性健全而又鲜明、张扬而又适度，既发展自我，又激励学生，为学生树立欣赏、学习、模仿的范例。所以，教师的个性，在学校教育中潜在地影响着受教育者的精神世界，影响着教育的成败。富有个性魅力的教师，如同粘合剂，能将每个学生紧紧地凝聚在自己周围，并进而使之产生一种团结一致。

但是，教师的个性不是哗众取宠，更不是特立独行，而是在共性的基础上凸显自己的特长和优势。世界上没有两片完全相同的树叶，也注定没有两个完全相同的教师。

对于一个新教师而言，学习他人是成长的第一步，你可以向不同的人学习，比如，或者向于永正学习，或者向王崧舟学习，或者向窦桂梅学习，或者向魏书生学习，这是每一个青年教师由模仿逐渐走向成熟的必经之路。但是，我们的青年教师一定要明白一点：无论怎么学，你终究还是你，你永远成不了别人。正如一位名人所说的："你能也是唯一能做好的只是你自己！"

善于创造"场"是王崧舟的特点，善于以童心调动学生的积极性是于永正的特点，善于以激情调动别人的情感是窦桂梅的特点，善于以"铁律"做班主任工作是魏书生的特点。其实名师并不是方方面面都好，而是有一两个方面突出罢了。所以，教师在主动学习的基础上要善于发掘自己的优势，凸显自己的特点，形成自己的个性特色。

 小贴士 ——————————— 怎样提升自身个性优势？

人的个性是千姿百态的，所以教师的教育风格也是异彩纷呈的：有的豪放，挥洒自如；有的严谨，一丝不苟；有的幽默，令人忍俊不禁；有的机智，妙语连珠；有的善诱，丝丝入扣；有的善启，亲切和蔼；有的张扬，慷慨陈词；有的温和，慢语轻声……教师教学风格的形成是长期积淀、探索、融化的结果，也是个性的张扬和定型。教师要形成自己的风格，就要有意识地积累和总结，并在积累和总结中发现自己个性的特长和优势，自觉地扬长避短。以下5种方法有利于教师对其个性优势进行积累和总结。

1. 感悟法：教师应该树立起强烈的自我优势意识，努力寻找自身性格优势。

2. 比较法：教师应该学会比较，比如，仔细观察每一场的教学比武，比较鉴赏他人的性格优势。

3. 嫁接法：教师要以自己的优势为主，嫁接他人的优势，借梯上楼，借船出海。

4. 杂交法：教师要善于将他人优势和自身优势进行杂交，取长补短，形成优势互补，产生新的优势，形成新的特色。

5. 发挥法：教师要发挥自身优势，重在扬长避短，贵在用好、用足、用活优势，而从形成自身特色的"优势群"，找到新的"增长点"。

教师如何
完善个性

　　亲爱的老师，你了解自己的个性特点吗？能正视由自身的不良个性导致的问题行为吗？你知道怎样对自身不良的个性倾向进行调整吗？

　　19世纪俄国教育家乌申斯基有一段名言：在教育中，一切都以教育者的个性为基础，因为教育的力量仅仅来自人的个性这个活的源泉。没有教育者个人对受教育者的直接影响，就不可能有深入性格的真正教育。教师的个性对年轻心灵的影响所形成的那种教育力量，是无论靠教科书、靠道德说教、靠奖惩制度都无法取代的，只有个性才能影响个性的发展和定型。我们认为，具有良好个性品质的青年教师比有个性缺陷的教师更易成功，更易塑造有教养的、个性丰满的新一代。

　　我们都知道，教师对学生的成长有着很大的影响。因此，作为教师应该培养自己健全的个性，从而积极地对自己进行调整，正视自己的个性品质。

　　个性张扬的老师，打造富有激情的课堂；个性细腻的老师，打造温馨的课堂；个性幽默的老师，打造轻松的课堂；个性丰富的老师，打造完美的课堂……

　　亲爱的老师，你了解自己的个性特点吗？能正视由自身的不良个性导致的问题行为吗？你知道怎样对自身不良的个性倾向进行调整吗？常见的不良个性类型的教师有哪几种？

以下列举 4 种常见的不良个性类型的教师及矫正方法——

1. 冲动型教师

这类具有冲动型个性倾向的教师，常常因为一时的气愤，留给学生永恒的伤疤。他们在工作中较容易出现爆发性的情绪，比如，当顽皮的学生在某些方面冒犯他们或给他们取绰号时，他们往往会因一时气愤而不顾师德，重重体罚学生。

这类教师往往情绪不稳定，意气用事，缺乏耐心，不能自制，甚至为所欲为，不尊重社会规范和职业道德。

在这类教师的课堂上，学生的心理经常处于紧张状态中，容易产生坐立不安的感觉。这些学生上课时处处小心翼翼，缩手缩脚，生怕哪里犯错而遭到严厉的惩罚。

我们都知道，情感之于思维犹如燃料之于发动机。愉快的情绪能使学生的感知、记忆和想象敏捷、牢固和活跃；而苦恼、焦虑的情绪会使学生的感知、记忆和想象出现迟钝和受阻的现象。所以，学生在这样紧张的环境中接受知识的效果很不好。

矫正方法有 4 种：

一是教师要明伦察物，学思结合。加强自我学习，并在工作实践中积极加以内化。当一个人掌握了探求真与善的方法，就能够明了事理，与人为善，辩证地看问题，增强自制力，实现通达的人生境界，最终建构起符合素质教育要求的良好个性品质。

二是教师要时常自省，检查自己的言行。经常内省能使教师对自己个性的长短处、优缺点有比较清醒的认识，从而能从自己的实际出发，形成和发展良好的个性品质。

三是教师要学会合作。通过合作，通过向同事虚心求教，既能优化青年教师的心理结构，又能对教师个性产生潜在的推动力，还可以达到个性上的互补，从而在合作中逐渐形成"厚德载物"的博大胸怀。

四是教师要扬长抑短。可以通过一定的心理指导，鼓励这类教师扬长抑短，保留豪迈、刚强、正直、勇敢等个性品质，去掉急躁火爆的不良个性。

2. 专制型教师

这类具有专制个性倾向的教师，在课上课下都是绝对权威，学生的一切思想都不能违背他的思想。通常情况下，学生的一举一动都在教师的严格控制之下，教师都是对的，甚至出现错的也是对的。教师是我讲你听，我问你答，我写你抄，我划你背。教师不厌其烦地灌，学生硬生生地吞。如果有学生询问为什么，不仅得不到教师的指导，反而会受到责问甚至讽刺。

在这类教师的课堂上，学生说的话必须跟他的教学保持一致，他的观点是放之四海而皆准，不能越雷池半步。

矫正方法有4种：

一是教师要坚决克服"教师中心论"倾向，不断增强学生的主体意识。教师要转变观念，在角色上，不要充当"保姆"，要当辅导员；在师道上，不要赋予自己所讲授的知识以绝对真理的色彩，要允许和鼓励学生向教材、向权威甚至向自身质疑问难，提倡学生跟老师"抬杠"。

二是教师不要做"教书匠"，而要做多角色的培育者。现代教育，尤其是基础教育，要求发挥教学的多种功能，要求教师做到：既做知识的传播者，又做学生学习的引导者；既做学生意见的交换者，又做学习环境的设计者；既做学生学习活动的组织者，又做学生生活的引路人。

三是要努力营造民主、和谐、宽松的教学氛围，反对压抑学生的个性，要千方百计爱护每一个学生的发现与创造。要求教师做到：尊重和面向全体学生，给予每个学生均等的学习机会。

四是要通过经常性的师生角色置换，达到心理的深层次沟通与信赖，做到共同"分担责任，分享权利"。

3. 放任型教师

这类具有放任自流个性倾向的教师，认为学生爱怎样就怎样，优柔寡断，没有明确的目标，既不鼓励学生，也不反对学生，既不参加学生的活动，也不提供帮助和方法。这种管理方法对于那些缺乏自觉性的学生尤其不利。

教师的放任自流，直接影响到学生的个性品质的形成，这种班级中的学生往往是自由散漫、我行我素，不关心自己的行为给他人造成的影响，集体意识淡漠。

矫正方法有 3 种：

一是教师要增强责任心，协调好课堂内各种人际关系，形成尊师爱生的师生关系和团结友爱的学生关系，师生朝着教学目标共同努力。

二是教师要调整自己的情绪，去除冷漠的困扰，以稳定而乐观的情绪管理班级，使学生在宽松愉快而有秩序的学习环境中学习。

三是教师要向学生提出明确的教学目标，使课堂活动朝着预定的目标前进。

4. 强迫型教师

这类具有强迫倾向的教师，往往过分注意自己的行为是否正确，举止是否恰当，因而表现得特别死板，缺乏灵活性，有过多的"清规戒律"，他们墨守成规，怕犯错误，而且要求学生按自己的思想方式和学习习惯行事。

在强迫型教师的课堂上，课堂气氛极度沉闷，听不到学生的声音。学生受其影响而恭敬顺从，无个性，无创造意识和能力，不灵活，互相之间交往不多，实践和动手能力差。

通常情况下，新教师走上工作岗位常常会对教师职业具有较多理想化构想或对自己要求较高，很容易受到强迫型不良个性倾向的影响，面对挫折，容易焦躁、不安、多虑。

矫正方法有 2 种：

一是外部环境的帮助。学校要正确引导帮助教师矫正强迫型不良个性倾向。特别是在新教师走上工作岗位的初始，学校要及时关注、关心他们，切实地了解、理解他们，耐心地引导、帮助他们，使他们能够正视"新教师经验不足"的现实。

二是教师的自我矫正。青年教师要通过认知调适、乐观待事、自我化解压力、友善待人等方式不断完善自我，树立良好的个性品质。

当你和朋友或其他人到了一家饭店里用餐，你点菜时通常是：（　　）

A. 不管别人，只点自己想吃的菜

B. 点和别人同样的菜

C. 先说出自己想吃的东西

D. 先点好，再视周围情形而变动

E. 犹犹豫豫，点菜慢吞吞的

F. 先请店员说明菜的情况后再点菜

答案：

选 A：你是个乐观、完全不拘小节的人。做事果断，但是否正确却难说。先看价格后，迅速作出决定的人是合理型的；选择自己想吃的人是享受型的；比较价格与内容才决定的人，为人较吝啬。

选 B：这种人多是顺从型的，做事慎重。往往忽视了自我的存在。对自己的想法没有自信，常立刻顺从别人的意见，这种人是易受人影响的人。

选 C：性格直爽、胸襟开阔，难以启齿的事也能轻而易举、若无其事地说出来。这种人待人不拘小节，可能是为人缘故，有时说话尖刻，也不会被人记恨。

选 D：你是个小心谨慎，在工作和交友上易犹豫的人。此类型的人给人的印象是软弱的。想象力丰富，但太拘泥于细节，缺乏掌握全局的意识。

选 E：做事一丝不苟，安全第一。但你的谨慎往往是因为过分考虑对方立场所致。你能够真诚地听取别人的劝说，但不应该忘掉自己的观点。

选 F：自尊心强的人，讨厌别人的指挥，在做任何事之前，总是坚持自己的主张，追求不同凡响。做事积极，在待人方面，重视双方的面子。

教师的成功
人格塑造

每个人的心灵都是一片希望的田野。

在我们的心田里，如果庄稼越多，杂草的生存空间就越小；庄稼越茁壮，杂草的生长就会越孱弱。如果我们同时再清除杂草，我们的心灵田野就会干净如初。这些庄稼，就是我们一生追求的高尚的道德品质、良好的心理素质，更是我们健康人格形成的基石。

乌申斯基曾说，教师的人格对于年轻的心灵来说，是任何东西都不能代替的有益于发展的阳光，教育者的人格是教育事业的一切。只有人格才能影响人格的形成和发展。因此，教师健全而高尚的人格是教育的基础。

人格是什么？有观点认为："人格是由先天性体质结合的'气质'，后天发展的'性格'，以及'能力'等归纳而成的。通常我们又称之为'人品'。"它和一个人的素质、情绪、行动倾向、行动样式、习性、态度等都有不可分割的密切关系，它能确定人的特性或特有的行为和思想。

教师的健康人格结构与一般人一样，同时又具有教师的职业特征：

1. 认真负责

认真负责是工作和学习中必不可少的优良品格。一个人对自己、对别人负责，表示他对自己有信心。他会在说话做事前经过思考，而不是随心所欲，信口开河。面对困难，一个有责任心的人不会推诿逃避，不会寻找借口以求得心理的暂时安慰，而是敢于承担责任，并努力去获得成功。

教育事业是培养和造就人才的事业，从事教育工作的教师责任重大。因此，热爱教育事业，具有高度的事业心、责任心，勇于肩负人民的重托，将自己的知识、才华、青春和生命奉献给教育事业，把培养下一代作为自己神圣的天职，是教师教育人格的基础内容。

2. 乐观热爱

乐观豁达的心胸是保持良好心境的法宝。豁达的心胸来自有爱心，能谅解，常从事情的积极面来看待问题。

苏霍姆林斯基说过："教育技巧的全部奥妙就在于如何爱护儿童。"以爱育爱，才能赢得学生对教师的尊敬和信任，才能促使学生接受教师的教诲，激发他们奋发向上的信心和力量。反之，如果教师不热爱学生，缺乏奉献精神，就不可能受到学生的爱戴和欢迎，不可能成为一名好教师，教育工作不会顺利，教育效果也不可能好。

3. 刻苦钻研

我国著名教育家叶圣陶先生曾明确地指出："教师对自己从事的教学工作抱什么态度，对掌握业务专门知识抱什么态度，这也是师德问题。"教师要真正承担起教书育人这一职责，就要从师德的高度来认识业务水平问题，必须刻苦钻研业务，提高自己的业务水平。

正如马卡连柯所说："学生可以原谅教师的严厉、刻板甚至吹毛求疵，但是不能原谅他们的不学无术，如果教师不能完善地掌握自己的专业，就不能成为一名好教师。"

4. 自尊自信

自尊是人格健康者的标志之一。自尊心是性格中一种高尚的品质，自尊的人关心自我形象，积极向上，有追求目标。而建立在客观基础上的自信心，是成功人士性格中必不可少的特征之一。自信是对自己、对他人的悦纳，是一种意念，一种意志。自信并不意味着没有失败，没有风险，而是具有面对失败的勇气、战胜失败的信念和把握成功机会的能力。性格中有了自尊自信，生活里就会充满快乐。

教师的一言一行、一举一动都可能成为学生模仿和学习的原型。因此，教师不仅是知识的传授者，更是学生道德品质的榜样。为了使学生形成良好的品德，教师在向学生传授知识的过程中，一定要注意自己的言行对学生发生的潜移默化的影响。

5. 团结合作

教师的劳动具有集体性，即是说培养人才是一项需要多方面协作、共同努力的集体劳动。每一个学生全面而健康的成长，是学校、家庭、社会多方面教育因素共同作用的结果，而教师是这许多因素中的主要力量。

教师对学生的影响是有计划、有目的、系统的，比起家庭、社会因素的自发影响来说，要深刻得多。因此教师要处理好同学校教师、家庭、社会等各种教育因素的关系，精诚合作，相互帮助，共同担负起培养人才的重任。

6. 自控坚忍

自我控制是一个人良好性格的重要指标之一。一个人如果不善于自控，则意味着他不能有效地发动、支配自己或抑制自己的激情、控制自己的冲动，对未来的成长过程有害无益。而坚忍不拔则是事业成功的必要条件，历史上许多成功者都是靠着坚强的意志才取得了最后的辉煌。

教师职业的特殊性要求教师要有较强的自控能力并养成坚忍不拔的性格特征。教师首先应树立远大的目标，并对已确定的目标，能坚持完成，不轻易半途而废。

7. 独立创新

独立思考是人格成熟的标志之一。独立的人较少依赖别人，喜欢依靠自己的能力达到目的，对别人的观点不是全盘接受，而是有所选择。研究表明，随着儿童年龄的增大，其独立性也逐渐加强。小学阶段的儿童对老师的话是全盘接受，中学阶段的学生对教师的观点开始有了质疑，到了大学阶段，教师的学术观点对学生而言只是一种个人意见，并不构成权威的定论。作为一个成熟的青年，应该用自己的目光去观察事物，从新的角度去分析问题，并在前人的肩膀上有所创新。社会的发展、文化的延伸需要年轻一代对过去和现实的扬弃。

创新思维是当前社会比较时新的一个话题。好奇心是创新的起点，较强的能力和自主独立的性格是创新的要素，自我实现是创新的目的。创新遇到最大的困难是陈旧的观念、僵化的思维。

富有独立精神和创造性的教师，有主见，善于选择课内外结合的途径，有意识地引导学生将掌握的知识转化为创造能力。

每个人的心灵都是一片希望的田野。

五光十色、五花八门的世界让我们的心长草、开花，生出数不清的欲望。有些欲望就像是杂草，来自于原始的生物本能，不用浇水施肥也能疯长，稍不留心就会铺天盖地。但如果我们一心一意除掉它，庞杂欲望带来的负面效应就会减少或消失；有些欲望则是庄稼，需要我们用心栽种、精心呵护。在我们的心田里，如果庄稼越多，杂草的生存空间就越小；庄稼越茁壮，杂草的生长就会越孱弱。如果我们同时再清除杂草，我们的心灵田野就会干净如初。这些庄稼，就是我们一生追求的高尚的道德品质、良好的心理素质，更是我们健康人格形成的基石。

 小贴士 ———————— 教师如何正确认识自己的气质特征？

如果按心理学上的血质划分，从事教师职业的人们在气质方面通常表现出如下特点：

1. 胆汁质（兴奋型）占优势的教师。这类教师表现为兴奋性高，精力充沛，在教育教学工作中能承受较强的负担，做事雷厉风行，反应快但不够灵活；这种类型的教师通常耐力差，性情急躁、热情、直爽、外向、好胜心强，但有时会表现出主观、易冲动、行动迅速、强而有力、敢于冒险；他们的言语明确，富有表情。

建议：胆汁质的教师，要发扬自己积极进取、有思想、刚强的特点，控制粗心、简单化等毛病。

2. 多血质（活泼型）占优势的教师。这类教师表现为反应敏捷灵活，适应性强；活泼热情善交际，容易生发情绪体验，并且比较丰富，但不深刻、易变换，兴趣和注意力不稳定；他们通常能较快学会新的东西，容易适应新环境，但缺乏意志持久性和耐心。

建议：多血质的教师，要发扬自己机智、灵敏、兴趣多样、善于应变等特点，控制粗心大意、毛躁等弱点。

3. 粘液质（安静型）占优势的教师。这类教师表现为安静、稳重、沉默寡言，情绪不易外露；反应慢而稳定，有较强的自我控制能力和耐心；他们的注意和兴趣稳定且难以转移，善于做细致、持久的工作；他们通常反应和行动欠灵活，对周围的事物冷淡。

建议：粘液质的教师，要用踏实、顽强、认真的作风，来弥补迟疑、不够灵活等不足。

4. 抑郁质（弱型）占优势的教师。这类教师属神经弱型，抑郁占优势，反应慢且不灵活；他们通常行动迟缓、孤僻内向；他们的观察力强、想象力丰富、情绪体验深刻，能注意到别人深究不到的事物和人际关系的变化。

建议：抑郁质的教师，要用细心、踏实、坚持性补偿怯懦、多疑等不足。这样，可以大大提高自己的教育效率，万不可总拿自己气质中的不足比别人气质的长处，否则，就会自己把自己束缚起来，影响自己的成长和进步，影响教育教学工作的有效实施。

你的性格
优劣测试

　　当今社会，教师所承受的职业压力越来越大。由于生存的压力，一些人会在自身原有性格上戴着面具生活。这样的生活总是让人感到压抑而不快乐。所以我们每个人，只有了解自己本来的性格，扔掉沉重的面具，才能活出快乐的自我。

　　亲爱的老师，如果现在要排练一台大型话剧，有一些职位等待你们去自主选择，那你是喜欢选择什么角色？当演员？当导演？当幕后工作者？还是当观众？

　　心理学研究发现，这种下意识的选择里面，反映出每个人的性格特色。心理学家认为，选择当演员的人，基本属于活泼型的人；选择当导演的人，基本属于力量型的人；选择当幕后工作者的人，绝大多数是完美型的人；而选择当观众的人，则是属于平和型的人。

　　亲爱的老师，你了解自己的性格吗？

　　日常生活中，我们常常可以看到，有些人在越是人多的地方越喜欢表现自己，说话绘声绘色，举止手舞足蹈，这种人希望所有的目光都注视着他，希望成为人们关注的中心。事实上，这类人的确会成为人们关注的中心。有些人不喜欢人们去关注他，当他从会场前台走过时，人们无意中注视的目光可能都会让他踌躇不前，他会忐忑不安地想：这么多人看着我，是不是因为我的头发乱了？或者是脸上有什么不妥当的地方？这类人天生就内向胆怯。

有些人是工作狂，从不知道疲倦，在工作中表现中强烈的控制欲，这类人通常是权力欲强的人。有些人与世无争，做什么事情都没有什么太大的热情，这类人通常与世无争，安于现状。

生活中我们也常常听到这样的评价：小张性格活泼、外向，小王有点内向；小李做事井井有条，小赵经常丢三落四……这些人的外在表现，其实都是每个人先天带来的性格引发的，所谓性格使然。

有一点我们是可以肯定的，性格是天生的，不分好坏。每种性格都有优点，同时也有缺点。正如一句古话：江山易改，本性难移。但现代社会越来越多的人对这句话有了新的诠释：江山不改，本性要易。也就是说，在现代社会，我们要完善自己，要更好地适应工作、生活，是需要改变性格的。只有这样，才能改变自我，使自己日臻完美。

当今社会，教师所承受的职业压力越来越大。由于生存的压力，一些人会在自身原有性格上戴着面具生活。这样的生活总是让人感到压抑而不快乐。所以我们每个人，只有了解自己本来的性格，扔掉沉重的面具，才能活出快乐的自我。

 小贴士 —————————— 10 问测测你的性格特色

I. 你何时感觉最好？（　　　）

　A. 早晨（2分）

　B. 下午及傍晚（4分）

　C. 夜里（6分）

2. 你走路时是……（　　　）

　A. 大步的快走（6分）

　B. 小步的快走（4分）

　C. 不快，昂着头面对着世界（7分）

　D. 不快，低着头（2分）

　E. 很慢（1分）

3. 和人说话时，你……（   ）

　　A. 手臂交叠地站着（4分）

　　B. 双手紧握着（2分）

　　C. 一只手或两手放在臀部（5分）

　　D. 碰着或推着与你说话的人（7分）

　　E. 玩着你的耳朵，摸着你的下巴，或用手整理头发（6分）

4. 坐着休息时，你的……（   ）

　　A. 两膝盖并拢（4分）

　　B. 两腿交叉（6分）

　　C. 两腿伸直（2分）

　　D. 一腿卷在身下（1分）

5. 碰到你感到好笑的事时，你的反应是……（   ）

　　A. 一个欣赏的大笑（6分）

　　B. 笑着，但不大声（4分）

　　C. 轻声地笑（3分）

　　D. 一个羞怯的微笑（5分）

6. 当你去一个派对或社交场合时，你……（   ）

　　A. 很大声地入场以引起注意（6分）

　　B. 安静地入场，找你认识的人（4分）

　　C. 非常安静地入场，尽量保持不被注意（2分）

7. 当你非常专心工作时，有人打断你，你会……（   ）

　　A. 欢迎他（6分）

　　B. 感到非常恼怒（2分）

　　C. 在上述两者之间（4分）

8. 下列颜色中，你最喜欢哪一个颜色？（   ）

　　A. 红色或橘色（6分）

　　B. 黑色（7分）

　　C. 黄色或浅蓝色（5分）

D. 绿色（4分）

E. 深蓝或紫色（3分）

F. 白色（2分）

G. 棕色或灰色（1分）

9. 临入睡的前几分钟，你在床上的姿势是……（　　　）

A. 仰躺，伸直（7分）

B. 俯躺，伸直（6分）

C. 侧躺，微卷（4分）

D. 头枕在一侧手臂上（2分）

E. 被子盖过头（1分）

10. 你经常梦到你在……（　　　）

A. 坠落（4分）

B. 打架或挣扎（2分）

C. 找东西或人（3分）

D. 飞或漂浮（5分）

E. 你平常不做梦（6分）

F. 你的梦都是愉快的（1分）

诊断分析：

► **低于21分：内向的悲观者**

人们认为你是一个害羞的、神经质的、优柔寡断的人，需要人照顾、永远要别人为你作决定、不想与任何事或任何人有关。他们认为你是一个杞人忧天者，一个永远看到不存在的问题的人。有些人认为你令人乏味，只有那些深知你的人知道你不是这样的人。

► **21～30分：缺乏信心的挑剔者**

你的朋友认为你是一个勤勉刻苦、很挑剔的人，一个谨慎、十分小心的人，一个性子慢而稳定辛勤工作的人。如果你做任何冲动的事或无准备的事，都会令他们大吃一惊。你会从各个角度仔细地检查一切之后仍经常决定不做，他们认为你这样做的一部分原因是由于你的小心的天性引起的。

▶ **31 ～ 40 分：以牙还牙的自我保护者**

别人认为你是一个明智、谨慎、注重实效的人，也认为你是一个伶俐、有天赋、有才干且谦虚的人。你不会很快、很容易和人成为朋友，但是一个对朋友非常忠诚的人，同时要求朋友对你也忠诚。那些真正有机会了解你的人会知道要动摇你对朋友的信任是很难的，而一旦这种信任被破坏，会使你很难熬过。

▶ **41 ～ 50 分：平衡的中道**

别人认为你是一个新鲜的、有活力的、有魅力的、好玩的、讲究实际的、永远有趣的人。你经常是注意力的焦点，但是你是一个足够平衡的人，不至于因此而昏了头。他们也认为你亲切、和蔼、体贴、能谅解人，一个永远会使人高兴起来并会帮助别人的人。

▶ **51 ～ 60 分：吸引人的冒险家**

别人认为你是一个令人兴奋的、高度活泼的、相当易冲动的人。你是一个天生的领袖、一个作决定会很快的人，虽然你的决定不总是对的。他们认为你是大胆的和爱冒险的，愿意尝试新事物。因为你散发的刺激，他们喜欢跟你在一起。

▶ **60 分以上：傲慢的孤独者**

别人认为对你必须"小心处理"。在别人的眼中，你是一个自负的、以自我为中心的、极端有支配欲与统治欲的人。别人可能钦佩你，希望能多像你一点，但不会永远相信你，会对与你进行更深入的来往有所踌躇及犹豫。世界本来就是层层嵌套、周而复始的，不以任何的意志而改变。

自我个性测试题

一、选择题。

1. 个性中最活跃的因素是？（   ）

A. 个性倾向性   B. 个性心理特征

C. 自我意识   D. 性格

2. 关于自我意识，下列哪项是错误的?（　　　）

　　A. 人类独有的　　　　　　　　　　B. 对个性的发展起调节作用

　　C. 与生俱有的　　　　　　　　　　D. 是在成熟和社会实践中逐渐出现的

3. 提出需要层次理论的是?（　　　）

　　A. 冯特　　　　B. 马斯洛　　　　C. 华生　　　　D. 卡特尔

4. 关于动机下列哪项是错误的?（　　　）

　　A. 以需要为基础　　　　　　　　　B. 是驱使人们活动的内部动力

　　C. 是稳定的个性心理特征　　　　　D. 能使活动朝向预定的目标

5. 有的人喜欢吃甜食，但又担心身体会发胖，这种矛盾的心理属于下列哪项动

　　机冲突?（　　　）

　　A. 双趋冲突　　　B. 双避冲突　　　　C. 趋避冲突　　　D. 双重趋避冲突

6. 下列哪一项是特殊能力?（　　　）

　　A. 观察力　　　B. 思维力　　　C. 想象力　　　D. 色彩鉴别力

7. 智力的发展与年龄的增长几乎是同步的时期是?（　　　）

　　A. 18 岁以前　　　B. 12 岁以前　　　C. 20 岁以前　　　D. 25 岁以前

8. 气质是个性心理特征中……（　　　）

　　A. 最核心的　　　B. 最稳定的　　　C. 最重要的　　　D. 最明显的

9. 林黛玉多愁善感，性情孤僻，动作细小无力，她的气质属于?（　　　）

　　A. 胆汁质　　　B. 多血质　　　C. 粘液质　　　D. 抑郁质

10. 粘液质的人适合做……（　　　）

　　A. 运动员　　　B. 公关人员　　　C. 图书管理员　　　D. 推销员

11. 关于性格的叙述下列哪项是错误的?（　　　）

　　A. 是人格结构中最重要的心理特征　　　B. 在实践活动中形成和发展起来的

　　C. 一旦形成就不能改变　　　　　　　　D. 表现为一个对现实的态度

12. 人对自己的行为进行自觉调节属于?（　　　）

　　A. 性格的态度特征　　　　　　　　　　　　B. 性格的情绪特征

　　C. 性格的理智特征　　　　　　　　　　　　D. 性格的意志特征

13. 以下哪项不属于一般能力范畴?( )

A. 思考能力　　　B. 色彩鉴别能力　　　C. 观察能力　　　D. 想象能力

14. 能力分为一般能力和特殊能力,以下属于特殊能力的是?( )

A. 记忆力　　　B. 想象力　　　C. 思考能力　　　D. 音色辨别能力

15. 不属于性格特征的是?( )

A. 意志特征　　　B. 情绪特征　　　C. 动力特征　　　D. 意识倾向性

16. 以下哪项不属于按心理功能优势来分类的性格类型?( )

A. 理智型　　　B. 顺从型　　　C. 意志型　　　D. 情感型

17. 以下哪项不属于动力性的人格心理特征?( )

A. 速度　　　B. 强度　　　C. 灵活性

D. 态度　　　E. 持久性

18. 以下哪项不属于〔希波克拉底(希腊名医)〕这种气质分类范畴?( )

A. 胆汁质　　　B. 精神质　　　C. 粘液质　　　D. 多血质

19. 气质的两个显著的特征是?( )

A. 稳定性强,类型特征无好坏之分

B. 稳定性差,类型特征无好坏之分

C. 稳定性差,类型特征有好坏之分

D. 稳定性强,类型特征有好坏之分

20. 以下需要的特点哪项不对?( )

A. 是客观需求在人脑中的反映　　　B. 是对某种目标的渴求

C. 包括生理性和社会性需要　　　D. 是行为的直接动力

二、填空题。

1. 个性的结构包括 _____ 和 _____ 两方面。

2. 自我意识是指个体对自己的认识,它由 _____、_____ 和自我调节系统三方面组成。

3. 美国心理学家卡特尔把人的特质分为 _____ 和 _____。

4. 艾森克将人格分为两个基本维度,即 _____ 维度和 _____ 维度。

5. 根据需要的起源,可将需要分为 _____ 和 _____。

6. 美国心理学家马斯洛将人的需要分为五个层次，它们依次是生理需要、安全需要、_____、_____和自我实现需要。

7. 引起动机的基本条件是 _____ 和 _____。

8. 兴趣的品质有兴趣的广度、_____、_____ 和 _____。

9. 智力可分为 _____ 和 _____，后者在人的一生中一直都在发展。

10. 制约能力形成和发展的因素主要是先天的遗传因素和后天的 _____、_____ 和实践活动。

11. 根据体液学说，人的气质可分为胆汁质、多血质 _____ 和 _____ 四种类型。

12. _____ 被认为是气质的生理基础，就一个人活动的社会价值来说，气质无 _____ 之分。

13. 气质不能决定一个人的 _____，但能影响 _____。

14. 性格特征包括性格的态度特征、_____、_____ 和性格的意志特征四个方面。

15. 功能优势学说将人的性格分为 _____、_____ 和意志型三种类型。

16. 影响性格形成和发展的因素有：_____ 和 _____。

三、判断题。

1. 个性包括个性倾向、个性心理特征及情绪三个方面。

2. 气质是个体心理活动在速度、强度、稳定性、灵活性上的动力特征。

3. 华生认为人的需要可分为生理、安全、归属和爱、尊重和自我实现的需要。

4. 特殊能力是指完成一般活动所必需的一切能力。

5. 一个人个性完全是由其遗传生物因素所决定的。

6. 一般而言，气质对一个人的事业成功与否起着至关重要的作用。

7. 性格的意志特征是指人在自觉调节自己行为的方式和水平方面表现出来的特征。

8. 林黛玉属于典型的多血质气质类型。

9. 20 岁左右，人的智力发展达到顶峰，以后保持水平状态直到 35 岁。

10. 研究表明一个人的气质类型是与其血型密切相关的。

四、名词解释。

1. 个性　2. 个性倾向性　3. 个性心理特征　4. 需要　5. 动机

6. 动机冲突　7. 兴趣　8. 能力　9. 气质　10. 性格

五、问答题。

1. 解释个性的概念，说明个性的结构。

2. 简述马斯洛的需要层次理论。

3. 智力的差异表现在哪些方面？

4. 影响智力形成和发展的因素有哪些？

5. 解释性格的概念，说明性格的基本结构特征。

6. 简要说明性格与气质的区别与联系。

7. 影响性格形成和发展的因素有哪些？

8. 影响个体成才的个性因素有哪些？

参考答案

一、选择题。

1. A　2. C　3. B　4. C　5. C　6. D　7. B　8. B　9. D　10. C

11. C　12. D　13. B　14. D　15. C　16. B　17. D　18. B　19. A　20. D

二、填空题。

1. 个性倾向性、个性心理特征

2. 自我认识、自我体验

3. 表面特质、根源特质

4. 内外向、情绪稳定与不稳定

5. 生理性需要、社会性需要

6. 归属和爱的需要、尊重需要

7. 需要、诱因

8. 兴趣的中心、兴趣的效能、兴趣的持久性

9. 液态智力、晶态智力

10. 环境、教育

11. 粘液质、抑郁质

12. 高级神经活动类型、好坏

13. 成就高低、工作效率

14. 性格的理智特征、性格的情绪特征

15. 理智型、情绪型

16. 生理因素、环境因素

三、判断题。

1. ×　2. √　3. ×　4. ×　5. ×　6. ×　7. √　8. ×　9. √　10. ×

四、名词解释。

1. 个性，亦称人格，是具有一定倾向性的各种心理特征的总和。

2. 个性倾向性是指一个人对现实态度和积极行为的动力系统。

3. 个性心理特征是指一个人身上经常地、稳定地表现出来的心理特点。

4. 需要是指个体对某种目标的渴求和欲望，是机体自身或外部生活条件的要求在头脑中的反映。

5. 动机是引起和维持个体活动，并使活动朝向某一目标的内部动力。

6. 动机冲突是指在同一时间内如存有两种或两种以上相似或相互矛盾的动机时，使人难以取舍，表现为行动上的犹豫不决。

7. 兴趣是人积极探究某种事物的认识倾向。

8. 能力是直接影响活动效率、使活动顺利完成的心理特征。

9. 气质是指个体心理活动的稳定的动力特征，主要表现在心理过程的速度、稳定性、强度、灵活性及指向性上。

10. 性格是一个人在客观现实中形成的稳定态度和习惯化的行为方式。

五、问答题。

1. 个性是指一个人的整个精神面貌，即具有一定倾向性的各种心理特征的总和。个性的结构包括个性倾向性、个性心理特征及自我调节系统三个方面。

2. 美国人本主义心理学家马斯洛提出人类需要理论，认为人类的需要可分为5个层次：生理需要、安全需要、归属和爱的需要、尊重需要和自我实现的需要。后来他又在尊重需要和自我实现需要之间增加了认知需要和审美需要。这些需要是相互联系、彼此重叠的。它们被排列成一个由低到高逐渐上升的层次。

3. 智力之间的差异表现在：（1）智力结构的差异；（2）智力发展水平的差异；（3）智力表现早晚的差异。

4. 影响智力形成和发展的因素可概括为两个方面：（1）遗传因素是智力形成和发展的自然前提。（2）后天的生活环境是智力形成和发展的关键。人的智力必须通过主体的积极活动才能发展起来。儿童早期的生活环境和教育对儿童智力发展是极为重要的。

5. 性格是指一个人在客观现实中形成的稳定态度和习惯化了的行为方式。性格的基本结构特征主要表现在四个方面。

（1）性格的态度特征：主要指一个人对现实态度方面表现出的特征，即表现在对社会、对集体、对他人、对自己的态度。对社会、对集体是公而忘私还是假公济私；对他人是礼貌诚实还是粗暴虚伪，是富于同情心还是冷酷无情；对自己的态度是谦虚谨慎还是骄傲自满，是有自知之明还是专横跋扈；对工作、学习和劳动的态度是勤勤恳恳还是马虎懒惰，是富于开拓还是墨守成规，是宽容大度还是斤斤计较等。

（2）性格的理智特征：主要指人在认识过程中表现出来的性格特征。

（3）性格的情绪特征：指人在情绪活动时在强度、稳定性、持续性和主导心境等方面表现出来的性格特征。

（4）性格的意志特征：指人在对自觉调节自己行为的方式和水平方面表现出来的性格特征。包含：①具有明确的行为目的并使其行为受社会规范制约的意志特征，如自觉性或盲目性；②在行为自觉控制水平方面表现出来的意志特征；③在紧急或困难情况下表现出来的意志特征；④在长时间工作中表现出来的意志特征，如持恒性或见异思迁，坚韧性或虎头蛇尾等。

上述特征在每一个个体身上都以一定的方式表现出来，构成个体特有的行为方式，构成个人区别于他人的独特性格。

6. 性格与气质的区别与联系。

（1）区别：气质主要受先天高级神经活动的影响较大，而性格更多地受后天生活环境的影响；气质表现的范围较窄，主要局限于神经活动的动力特点方面，而性格表现的范围较广，几乎包含了人的全部心理活动特点，体现在性格结构特征的四个方面；气质的可塑性小，不易变化，而性格可塑性大，易培养；气质无优劣之分，而性格却有好坏之别。

（2）联系：在一定程度上，气质可影响性格的表现方式，而性格又可掩盖和改造气质。相同气质类型的人可形成不同的性格特征，而不同气质类型的人也可形成相同的性格。因此，两者彼此制约，相互影响，关系密切。

7. 影响性格形成和发展的因素是多方面的，主要有以下几个方面：

（1）生理因素：性格作为一种心理现象，它以一定的生理素质为前提。大脑的结构和功能、内分泌腺的活动以及其他一些生理因素对性格的形成和发展都有一定的影响。另外，人的生理特长或生理缺陷也会对性格产生影响。

（2）环境因素：包括家庭、学校和社会环境。①家庭环境：家庭对儿童性格的影响主要表现在父母的养育态度和家庭气氛上。如果父母的态度是民主的，则孩子会形成合作、独立、温顺、善社交的良好性格。家庭气氛特别是父母的关系，对儿童性格的形成有重要影响。一般地说，相互尊重、相互理解、相互支持的和睦家庭气氛，对儿童的性格有积极的影响。②学校环境：学校的教育内容，教师的形象，学习过程、班风、校风以及个人在集体中的地位，都会在一定程度上影响学生性格的发展。③社会环境：社会风气、习俗可通过各种媒体和渠道潜移默化地影响青少年的爱好、追求、道德评价和行为习惯。

（3）社会实践：人们在实践活动中一般总是根据职业的要求，巩固或改变着自己的性格特征，并形成许多新的性格特征。

（4）自我调节：已经形成的性格会在以后的性格发展中在人的自我调节系统的作用下发生变化。

8. 影响个体成才的个性因素主要有以下几个方面：

（1）智力因素：智力发达对人的成才是很有利的。遗传决定了智力发展的可能范围或限度，而环境则决定了在遗传所决定的范围内智力发展的实际程度。遗传素质好的人，智力发展的空间大，环境的影响也大；遗传素质差的人，智力发展的空间受到限制，环境所起的作用也小。所以优生优育十分重要。但智力水平不是一个人成就大小的唯一决定因素。

（2）非智力因素（主要是性格和个性倾向性）：强烈的进取心、自信心、稳扎稳打的工作作风，勇于和善于克服困难的意志，勤奋务实、执着坚定的个人品质，严于律己、宽以待人的团队精神，善于沟通、善于创新的性格同样是成才的极为重要的决定因素。

个性教师的
个性故事

好老师受学生拥戴，便有了底气，少了顾忌，久而久之，便容易形成个性张扬、奔放不羁的外显特征。尤其在当今风行"态度决定一切"的时代，这样的好老师很容易被打入另册。

直面这些现象，我们的社会是否应该给个性教师更多的宽容和理解、支持和鼓励？

故事一：毁誉参半的中学语文教师王泽钊

原山东省青岛二中语文教师王泽钊在很多人眼中是个特立独行的"异端"：从教的十几年间，他基本上不用国家的统编教材上课，有人甚至评价他的教育教学方式是"误人子弟"，很多人甚至四处呼吁，不能让这样的人当老师！

但这样的结果又不得不让人深思：王泽钊所带过的高三毕业生的高考成绩一直在青岛市名列前茅。这个王老师上课，实在是不循"常理"。一般教师上课，用的都是人教版教材，而他往往只在开学三周内就将人教版教材有选择地讲完，余下的时间，他只讲自己为学生精选的文章，并命名为《新语文》教材。在他自编的《新语文》里，有很多在平常教材中难见的名字：罗素、加缪、海明威、卡夫卡、梅里美……有人形容他的课堂"就像在聊天"。他的课堂上，学生不用起立坐下，学生也可以随时打断他、任意反驳他，甚至还会出现大胆的男生站到台前去跟他争论，有时还会形成全班"抢白"他一人的局面；而他的课堂也不只局限在学校的教室里，说不定哪一节课，他就会把学生带到风景名胜点、带到野外去上课……

然而，就是这样的一个自己有个性也尊重学生个性的难得的好老师，却被自己的同事所排斥，在各学科组自己投票的竞争上岗中，王老师差点下岗，结果被"降岗使用"。

最后，宁折不弯的王泽钊辞职，被两家民办学校聘用。

故事二:"同学们，你们好！"

在同学们的心目中，老师似乎永远是板着脸、不苟言笑的，而我最喜欢的老师则恰恰相反，他是一个很有特点的老师。

他个子不高，穿着一件近乎古朴的中山装，戴着一副茶色的眼镜。他的行为举止乃至相貌都与他的姓非常相似——"蔡"（菜）。

第一节课，当他走进教室的时候，同学们嘘声一片，要不是他手里揣着一本生物学课本，我们还以为他是来修多媒体的呢（那节课我们班的多媒体刚好坏了）！与其他老师不同，他第一句话并不是"上课，起立……"这句套话。而是伴随着浓重的外乡口音的"同学们，你们好！"这声洪亮的大喊，着实让我们吃了一惊。

上课时，他的声音时高时低，时快时慢。每当讲到重点处，他都会把声音放得很低，害得我们时刻都要竖着耳朵认真听讲。突然，蔡老师"嘿"的一声大喊，气流经过之处，同学们手中的笔纷纷落地。正当我们惊魂未定，神情紧张地盯着蔡老师时，他却说了一句足以使人笑掉大牙的话："小 A 同学，你的脸红得好像某个动物的某个部位耶！"同学们听后狂笑不止，谁也没有注意到小 A 的脸已经变得通红。蔡老师说："你们谁能用科学来解释这一现象呢？"同学们你一言，我一语，可谁也说不出正确的答案。蔡老师又解释道："这叫生物对刺激所做出的反应。"接着，蔡老师又列举出了一大堆的例子。

直到后来我们才知道，这是蔡老师为了让同学们快速记住"反应"这个知识点而精心设计的，同学们听后都很佩服蔡老师。

下课后，同学们都自发地为蔡老师画像，可大都是"恶搞版"的。某强人还给蔡老师鼻子里插上两根大葱。没想到蔡老师看后不但没有生气，还连声夸奖我们的画。更令我们吃惊的是，他还说："你们把我的衣服画得太整齐了，我老蔡对这些从来都是不屑整理的。"

怎么样，这位老师很有特点吧！

对，他就是这么一位讲课幽默、风趣，善于启发学生而又不修边幅的个性老师！其实，关于他的事情还有很多，待到笔者闲暇时，再向你娓娓道来！

故事三："我一脑袋打在你巴掌上"

我们的语文老师是一个特别有个性的人。

一次上课，语文老师提到了关于"粗略描写"和"细节描写"的问题，为了帮助我们更好地理解，他就举了一个例子："比如说一个人跳伞，'粗略描写'就只能写成'一个人从山顶上跳了下来'，而'细节描写'则可以写到那个人跳下前的表情啊，和在跳的过程中的形态、姿势等。"

又有一次，语文老师在上《林黛玉进贾府》的课文，他对贾宝玉这个人物进行了分析。文中说贾宝玉性格叛逆，老师为了让我们更清楚"叛逆"的意思，就给我们举了个例子："叛逆呢，就是我让你做作业你不做，我不让你走你偏要走。"然后老师又说到贾宝玉的穿戴：贾宝玉穿了靴子，打了辫子等。后来老师得出了一个结论，贾宝玉很时尚。接着语文老师又联系到当代人的穿戴，许多女性都很喜欢穿靴子，也有很多人喜欢打辫子。老师就问我们："这些都是从哪里学的呢？——贾宝玉。"

我们老师生气的时候，骂人不会说："你怎么这么粗心呀！你是笨蛋啊！"人家可是要讲究个性的，当他要批评一位同学的时候他就会说："我一脑袋打在你巴掌上。"

故事四："他一出场，鼓掌尖叫好像明星到"

"刘长庚老师很不错啊！大家都去选他的课吧！"在上海理工大学的BBS上，随处可见这些评价。在学生给老师的评分中，刘长庚的支持率每次都是100%！

在上海理工大学，刘老师可以说是一个人尽皆知的传奇，只要一提到"刘长庚"的名字，学生们的第一反应就是：这老师的课好听，会推荐给其他同学。有一位上学期选过刘老师课的同学，已经拿到了学分，但第二个学期这位同学又出现在了课堂上，他给出的理由是："就觉得听刘老师的课有意思，不知这次他又会说些什么所以又来了。"如今"刘老师上课好听"，成为了一传十、十传百的秘密，不仅仅是校内的同学，就连校外的学生都会慕名而来。

而每次上课时，只要他一进教室，就会听到阵阵掌声和尖叫声，就跟明星来了一样。

对于刘老师，不少上过他课的学生们都反映，他上课有种不可思议的魅力。最厉害的就是一次上写作课，一连两三堂课，都把班上的女学生感动得哭了。于是，"上刘老师的课要备好纸巾"的传闻就不胫而走，不少学生也因此慕名而来。

对大学生而言，写作是门最不好上的课，因为它不是种技术，告诉你怎么写你就会写的，所以刘老师会尝试在课堂上激发同学的写作灵感。"写作一方面是要有敏锐的观察力，另一方面就是有易感的内心，所以我会选择讲些父母的爱之类的内容。我想让他们知道其实他们每个人都是很有价值的，因为只要他们为父母做一点小小的改变，对父母来说都是很大的幸福。有时，也会讲一些有启示性的故事，对于社会上一些极端行为，从深层次上进行阐释，通过事件中人与人的关系，激发学生的情感诉求。其实课上我也没有过多煽情，我只是给他们设置一个场景，营造一种氛围，用真实的情感去引起他们的共鸣。"他说。

作为老师最得意的事应该就是自己的课学生爱听。刘老师说他最不喜欢看到学生在自己的课上无所事事，所以有的时候看到大家心不在焉，就会在课堂上唱唱歌调节一下气氛。于是有学生把他在课堂上唱的歌录下来，经过后期处理后用作手机彩铃。

"我没有什么绝招，只是保持了一颗年轻的心活跃在同学中；我就像个灯泡，给我电我就可以发出很亮的光芒。"刘老师说。

故事五：我们班的"三最"老师

1. 最搞笑的老师

最搞笑的老师就是副班主任顾老师。顾老师时时给我们一种可爱、想笑的感觉。

有一次中午，顾老师给我们讲课时，一位同学在回头讲话。顾老师发现后，既没有骂他也没罚他，只是让他保持回头说话时的动作。我们全班看着这位同学眼瞪得大大的，嘴也张得大大的，便哄堂大笑。

这就是拥有搞笑魔力的顾老师。

2. 最严格的老师

最严格的老师就是体育老师纪老师，他的严格可是大部分同学公认的！

就说前几天，体育课开始上了。纪老师首先就让我们绕校园跑 6 圈，接着在太阳地里纠正我们做广播体操的错误，每一节都重复做了 20 多次。一节课 40 分钟才纠正两节广播体操，纪老师可真严格呀！

这就是严格的纪老师。

3. 最奇怪的老师

最奇怪的老师就是我们的劳动老师。

他的奇怪之处就是上课时喜欢说"咯对"，像母鸡下蛋似的。今天上劳动课，我的同桌就在记录本上记录老师说了多少次"咯对"。下课我一看就惊呆了，劳动老师竟然说了 51 次。太奇怪了，竟然有那么爱说"咯对"

的老师。

这就是我的劳动老师。

故事中讲的这些老师，都是有个性的另类好老师。这样的老师具有真才实学，崇尚真理，宁折不弯，敢说敢作敢为，但有时会口无遮拦；好老师受学生拥戴，便有了底气，少了顾忌，久而久之，便容易形成个性张扬、奔放不羁的外显特征。尤其在当今风行"态度决定一切"的时代，这样的好老师很容易被打入另册。

这样的有个性的教师往往不怎么循规蹈矩，书中说的，领导讲的，从不盲从，总喜欢推敲一番，追问几个为什么；校长作出某项决策，学校出台某项制度，他们总要提出质疑，为什么必须如此？为何不那样规定？这样的个性教师常常是：宁可委屈了自己的待遇、前途甚至声誉，也不能委屈了自己的良心、真诚和基本准则。这些知识分子身上本有诸多美好品质，在现实环境中却极容易被界定为浮躁张狂、好高骛远、不服管理。

这样的有个性的教师因为不满足，故常有新发现和新创造；因为不盲从，故常有新办法和新点子；因为善于思考，故容易接近真理，常有高效率；因为善于探索，故往往能低投入，多产出，常出好业绩；因为有个性，故常常被学生们热捧。也正因如此，他们也往往遭受"木秀于林风必摧之"的待遇，常受排挤和压制。

直面这些现象，我们的社会是否应该给个性教师更多的宽容和理解、支持和鼓励？

 小贴士 —————————————— 个性教师糗事一箩筐

• 我的小学语文老师颇具专业水准地给我们讲：绝句就是绝妙的句子。直到上了高中我才知道上当了。

• 我们学校办公室外写着：爱自己孩子的是人，爱别人孩子的是神！我问数学老师："您是人还是神？"他说："我是妖怪！"

• 我们老师属于唐僧派，每讲两句话就突然站你前面说："你明白了吗？"然后转向旁边说:"这位同学,他明白了,你明白了吗?"

- 在我心目中最有个性的老师就是高潮东老师了,从来不教我们该做什么,只是教导我们什么不应该做!

- 我女友就是小学英语老师,逛街时躲着她走的都是学生家长,主动和她打招呼的都是她的学生。

- 我是班主任,也是语文老师。有学生和我争论时,其他孩子都说:"你别说了,你说不过她,她是教语文的!"

- 我的政治老师专门租了间房子收养流浪猫!估计得有二三十只!每只都打了疫苗并且做了绝育手术等人领养!这算不算有特点?

- 一天下午第一节课八班因为足球赛集体迟到,老师忍无可忍,让最后到的六个男生在门口听了一节课,结果他们居然争着回答问题!

- 我高中的班主任是最有个性的老师,对于学习好的学生,她可以任之随便;如果学习不好又不努力就没有那么好过了,她会非常严格地要求你。

- 初中的历史老师上课时前三句是讲课,之后就从原子弹讲到潘金莲,从天南讲到海北,那课上得太长见识了,特喜欢他的课。

- 我们大学的一个老教授,人家讲课是小酒壶一摆,边喝变讲,听得我们如痴如醉!

- 我们高中班主任最有个性,不用说讲课,连开班会都背一天稿,所以早晚自习我们学习他背各种演讲稿,像极了吐泡泡的金鱼。

- 我的初中班主任非常个性,虽然近60岁了,但是嘴皮子仍然利落得很,能坚持训我们一小时不重样,语言还很幽默,使我们非常喜欢被他训。

- 我们班主任平时特严肃,那次我们班考年级第一,老师高兴地买了好多泡椒凤爪,和我们又吃又喝的,让我们都傻了。

- 我们语文老师声音特别大,在五楼讲课,四楼都听得特别清楚!而且特别猛,一节课得讲好几个故事,为了不让我们睡觉!

- 我们小学语文老师在班上放屁,全班爆笑,老师转过头在黑板上写了几个字:"屁乃人生之仙气,岂有不放之理?"

- 初中班主任对打架的同学有一招,让打架的同学当全班的面原地高抬腿100下,互相说对不起 100 次。

- 有一次上课，我给老师画像让老师当场擒住。后来老师把画放在他的办公桌玻璃板下边。

- 有同学上课不认真听讲被老师叫起来，同学狡辩道："我没干什么啊！"老师马上很幽默地说："就因为你上课什么都不干我才让你起来的！"

- 我们的中学历史老师问两个吵架的同学：你俩的矛盾何时产生的？同学回答：原始社会。老师答：够久的。

- 初中化学考试问二氧化碳的形状，全班 14 人答黑色固体。老师怒道："你们吐气都吐黑色方块啊？"

- 我们的老师都好怪，生物老师一口浓重的天津话，物理老师满口东北话，英语老师说的是地道的中式英语……我们班同学现在没人会好好说话了。

- 我的地理老师有个性，第一节课就让我们回家看马桶的水转向，他说逆时针的是北半球！

潘小明：抬起头，往下看

抬起头，往下看，这话怎么听都有些别扭，却和谐地体现在一位有个性的特级教师的数学教学中。而且，就因为这一抬头，一往下，成就了这位特级教师因个性而精彩的课堂人生。

潘小明曾用自己钟爱的"葱油拌面"来比喻自己的数学课："没有鲜汤，没有'浇头'，朴素、简单，好像能一目了然，却在拌的过程中充满了玄机。吃的时候，面条韧韧的，很有嚼劲，不要'呼噜呼噜'地囫囵吞枣，容易惹出一身汗，而要从从容容地、一口一口地咀嚼，每一口的味道都那么真实而深刻。"

听过潘小明课的同行都深有感受：一个"真"，一个"深"，高度概括了其课堂特色。教材把握精确，渗透学科思想和方法，激发学生兴趣与思索的问题设计，师生之间的尊重、倾听与合作……这个"真"和"深"的课堂，到底蕴藏着什么玄机呢？让我们一起走近上海名师、名校长潘小明，走进他的数学课堂。

抬头：关注学生需求

课堂上，学生的一举一动，一个表情，一声叹息，都逃不过潘小明的眼睛。他从教案中抬起头，认真关注学生的需求。

一次，潘小明给学生上《平行四边形面积》一课。课一开始，他发下一张印有一个平行四边形的纸，让学生想办法求纸上这个没有注明尺寸的平行四边形的面积，并探究平行四边形面积的计算方法。

如此开放的学习任务，如此大胆的教学设计，不禁令在场的每一位听课教师都为潘老师捏了一把汗：学生到底会出现哪些情况，哪些问题，这谁能保证呢？老师们仿佛已经看见了学生茫然、探究夭折、教程断裂的"悲惨"场景。

明确任务后，学生调动起自己的知识经验，用自己的思维方式积极地进行着探究。8 分钟后，学生展示出自己的思维过程及答案——A:（7+5）×2=24（平方厘米）；B: 7×5=35（平方厘米）；C: 7×4=28（平方厘米）。

"怎么有这么多的答案，你们说说？"潘老师一句话就把主体地位还给了学生。很快，学生通过讨论（生生互动）排除了做法 A，而对做法 B、C 却久久争执不下。

这时，潘老师让两种不同做法的同学大胆求证。做法 C 的学生展示了剪拼法求证自己的做法，而做法 B 的学生认为平行四边形具有不稳定性，可以拉成一个长方形，即平行四边形的两条相邻的边就变成了长方形的长和宽。这时，很多学生恍然大悟：原来做法 B 的学生认为把平行四边形拉成长方形，形状改变，面积没有改变（其实是变大了）。

这一节骨眼上，潘老师再次通过课件演示平行四边形"底不变，高改变"引起的面积改变。学生们终于明白：原来平行四边形的面积应该同底和高有关！在这一过程中，学生不仅掌握了计算公式，更重要的是化归了数学思想方法，特别是对割补转化实行化归有了深切体悟。

"教师在教学前只有十分清楚目前学生已经知道了什么，尚未获得哪些学习经验，才能开始新知识的传授，只有清楚了解每一个学生的'锚桩'，即起点在哪里，才能使满载新知识的航船停靠。"这是潘小明多年教学的体会，也形成了他的课堂特色：每一次提问，出发点永远是学生。

上海市名师研究所的教学专家们在听了潘老师的课后，颇有感慨地说："潘老师的课最大特点是，不是从教案上起，而是从学生上起，整个教学是围绕学生的问题展开的。"

"一位优秀的教师，一定是一位勤于了解学生、善于研究学生的教师。"这是采访潘小明后记者最深刻的认识。

往下：探寻数学知识、思维、情感的联结

2008 年 5 月的一天，当潘小明在上海市新闻路 1718 号附近的餐馆向笔者讲解他的"新冰山原理"时，笔者多年来一向自认处于弱势的数学思维被"砰"地激活。

原来，数学知识、数学思维、数学情感这三者就好比海明威"冰山原理"中所指的具体可见的文字和形象、寓于文字和形象之中的情感和思想。数学知识是显性的，是浮出水面的"山头"，数学思维、数学情感是隐性的，是在水面之下但支撑着整座"山"的重要基座，而数学思维是一个重要的中介，数学知识、数学情感都是寓于数学思维活动中的。"一个数学教师，要学会往下看，透过水面去发现并抓住支撑着数学知识的数学思维，让学生亲历数学思维活动的过程，不仅获得扎实的知识技能，而且产生积极的情感体验、科学态度、探索精神。"潘小明强调。

明明知道学生出错了，却放手让学生争辩；老师似乎糊涂了，学生不断地纠正老师；学生提问题出来了，老师仍然不断追问……潘小明的课堂上，常常出现学生辩解得面红耳赤、老师逼问得山穷水尽的场面。例如，潘小明每次讲到《面积》这一内容时，都会向学生提出"怎样验证'周长长的长方形，面积就大'到底是否正确呢？"这一问题。"通常会有学生举一个正例来验证。我明知这样的证明是不科学的，但还是先让学生从各自的思维实际出发放手去举例验证。"他告诉笔者，让学生学习举例验证中正确的思维方法，比结论本身更为重要！

诱发争议，让学生潜在的错误想法得以充分暴露，在不同想法的碰撞中感悟真知；佯装不明白，表现得十分钝感，以此激发学生的探究欲……这些功夫，都来自于潘小明对于学生的极度敏感，来自于他作为教师长于透过水

面去发现并抓住支撑着数学知识的数学思维，让学生在亲历数学思维活动的过程中不仅获得扎实的知识技能，而且产生积极的情感体验、科学态度、探索精神。

"'往下'教数学，才能上出有深度的数学课。"潘小明对此体会很深，"回首自己成长的轨迹，那就是'学习—实践—反思'的过程。翻开我的数学教案，每节课都是分为'知识点及教学程序、预想学生的学习、意外及反思'三个部分来写的。我有一个习惯，就是上完一节课，只要有点滴的感触，我就会用笔记下来，发现有价值的课例，我就会及时写下来。而每一次公开课之后的反思，更是从不懈怠的。"正是因为这样一种"往下"的精神和反思的习惯，才有了今天的潘小明。

营造："问题场""问题串"

尽管担任校长多年，潘小明从未离开自己心爱的课堂。从 20 世纪 80 年代初走上教师工作岗位，到今天已近 40 年了。"作为校长的我更多的是从事一些行政工作，但是我仍然坚持进课堂，因为对于我来说，对课堂、对孩子们已经有了一份割舍不掉的情结。"只要一谈起三尺讲台，潘小明就一往情深，"人活着，是一种追求，更是一种责任，我正把这份责任与追求写进我的课堂人生"。

他认为，新课程理念下，一些教师之所以对怎样把握课堂感到困惑，之所以只会放开课堂却不会收住课堂，在于对学生的了解不够，对教材的把握不够。

"学生知道什么？还应该知道什么？更应该知道什么？"这三个问题，是潘小明在备课时首先思考的问题。他认为，今天的教师尤其要关注学生的"最近发展区"。

怎样让不同层次的学生都能参与到课堂讨论中来？怎样在大问题下不断有新的问题牵引出来？每一次进课堂，他都努力营造一个"问题场"，创设一打"问题串"。

他认为，构建一个有长度、有宽度、有深度的"思维场"应该从创设一个具有数学思维价值的问题情境开始。而一个好的问题情境，应该是具有数学思考价值的，它能激活经验，产生意向，激发创造。因此，它必须是开放的，使得各层次学生都能参与并产生自己的想法，并通过不同的想法挑战学生的思维，经过实践验证等活动，让学生发现知识规律。"而深切的体悟必定来自亲身实践，但亲身实践未必自然会有深切的体悟，这时，教师必须适时引导，而且必须导在数学思维上。"没有花里胡哨的课件，没有让人眼花缭乱的游戏活动，没有"小手如林"的伪热闹现象，也没有刻意的干巴巴的思想教育，潘小明的课堂，正因为独特的着力点和巧妙的引导，令学生终身受益，令同行敬佩不已。

抬起头，往下看，这话怎么听都有些别扭，却和谐地体现在潘小明的数学教学中。而且，就因为这一抬头，一往下，成就了潘小明因个性而精彩的课堂人生。

旁白：深度痴迷和超级"手潮"

通了无数个接头电话后，我和潘小明校长终于在上海新闸路 1718 号见面了！

上海的门排号就是这么奇怪，1718 号有个正门排号，相隔 50 米后面又有一个 1718 号的偏门排号，在方方正正的北京都找不着北的我，自然彻底晕乎到把一个上海人也弄得辨不清东西了——在相隔仅 50 米的距离间，我们遥相呼叫了若干个电话后，才搞清楚对方就在自己的前（后）方傻等。

上了潘校长开的车，才发现车上还坐着一位女士，原来是学校的严薇副校长。

八成新的汽车拖拉机般叫了两声，向前勇敢地开出去。

"您刚拿本吧？"坐在副驾上的老司机我心里直发毛，忍不住问。"不长不长，快一年了。"潘校长很诚实。

已是中午，为了方便下午还要赶飞机的我，不太听指挥的车几经折腾

教师的幸福资本——成长为优秀教师的 8 种特质（第二版）

后，我们终于在 1718 号附近找到一个吃饭的地方。

"新冰山原理""问题场、问题串""学生的最近发展区"……离开汽车后的潘校长谈起小学数学，与刚才的超级"手潮"（北京话形容初学开车的人）判若两人，滔滔不绝地打开了话匣子。

"我们校长简直是痴迷课堂。"点好一桌精致上海菜的严薇副校长笑着打断了我们。

小贴士 ——————————————————— 潘小明语录

- 良好的师生关系是建立在相互尊重的基础上的。这年头，很少有不尊重老师的学生，却有着不能做到真正尊重学生的老师，并不是有了亲切的微笑就是尊重学生了。试想一下，如果我们的老师整堂课都灿烂地微笑着，但上的课却如一杯白开水，毫无滋味，这是对学生的尊重吗？

- 在课堂上尊重学生，就必须尊重他们的人格，尊重他们的潜能，尊重他们之间的差异，尊重他们出错的权利。

- 学生永远是课堂的主角，每一个学生都是一个独立的思维个体，有权利在课堂上充分地思考。每一堂数学课，每一次提问，我的出发点永远是学生本身。

- 教会学生一种思维的方法，要比教会他一个公式重要得多。一位真正优秀的教师，必须多一份责任，要从学生生命成长的高度去思考教学，用自己的言传身教和精心设计的教学，引导学生形成积极的情感、态度和价值观。

- 在课堂上，教师和学生的对话，不是和一个班的这个学生"集体"的对话，而是与这个集体中的一个一个的学生展开对话，这一点，教师必须从心底里意识到，也唯有这样，教室里每一个人才能平等起来，对话才能安心地、轻松自如地进行。

- 提高对话质量的基本途径就有提高独立思考和提高合作学习。合作学习是以独立思考为基础的，是在独立思考基础上再添上每个人的互动合作能力。在数学课堂上，给予学生充分的独立思考时间很重要，教师必须学会耐心等待，等待的时候，表面即使"死一般的寂静"，我们也一定要相信那是黎明前的黑暗，火山爆发之前的蓄势。

- 我一直坚信，课堂中只有开放，才有生成的可能，只有不断地生成，课堂才有生命力，学生和老师才能共同成长。

- 人有的时候是要执着一些的，特别是我们。我们是教育工作者，很幸运，处在这样一个教育发生着深刻变革的时代。我们不敢说靠自己微薄的力量去促进或影响这变革中的教育，但我们每一天每一天坚定地真实地站在这三尺讲台上，和一个个稚嫩、鲜活、充满了无限生机和可能的，不断发展着的生命体对话，和他们一起汲取知识，生成智慧和人格，这是多么美好却又沉重的一件事啊。因为并不是每个人都能博古通今、无所不能的，大凡像您、像我这样的平凡人都是如此，但是如果一生能有一个执着的追求，能精于一件自己热爱的事，并且与这么一群平凡的人肩并着肩，在阳光灿烂的时候分享温暖，在阴雨连绵的时候相互取暖，这又何尝不是一种快乐呢？

- 我觉得，一位真正优秀的老师必须留一份纯真，学会从孩子的角度去思考问题，从孩子生命成长的高度去思考教学，如果能经常为孩子们想想，那他就一定是一个好老师，而想着想着，老师自己也就提高了。

第三章

情商与成功：

优秀教师的情商资本

情商，
每个教师的必修课

近几年来，美国心理学家开始研究人的情商与人的成长的关系。有学者指出，一个人的成功，智商的因素只起 20% 的作用，80% 靠情商。

教师需要培养自己的情商吗？回答是肯定的：情商，应该是每个教师的必修课。

情商（EQ），又称情绪智力，是近年来心理学家们提出的与智商相对应的一个概念，具体包括以下几方面内容：一是自我认识；二是自我管理；三是自我激励；四是认知他人与激励他人；五是人际关系管理。它主要反映人在情绪、情感、意志等方面的品质。心理学家们普遍认为，情商水平的高低对一个人能否成功有重大的影响作用，作用程度有时甚至超过智力水平。

近几年来，美国心理学家开始研究人的情商与人的成长的关系。有学者指出，一个人的成功，智商的因素只起 20% 的作用，80% 靠情商。

那么，教师需要培养自己的情商吗？回答是肯定的：情商，应该是每个教师的必修课。

教师的工作是与人打交道的工作，是一项灵魂铸造工程，而教育教学，更是一门管理的艺术。所以，教师的教书育人过程不仅应该是有效的，更重要的是教师能用高尚的人格形象、真诚的情感、丰富的创造力感染学生、教育学生、激励学生，让学生感受到其教书育人行为的艺术美感，产生心灵的愉悦和震撼，从而满怀热情地投入学习。因此，一个合格的教师须具备以下几种特质：

其一，拥有高尚人格。如果没有正直真诚的品格，就无法做到公正公平，就不可能拥有宽广的胸怀，也就无法形成人格魅力。而缺乏人格魅力的教师，不可能被学生真正认可。

其二，具备高情商（高情绪智力）。有研究表明：一个教师的成功，有80%以上来自于情绪智力因素，而智力因素只占小部分。如果没有高情商，就无法清楚了解并驾驭自己的情感，更无法敏锐感受、了解并反馈他人的情感需要。学生的情感需要无法被及时了解和满足，必定无法在心中产生"好教师"的感受。

其三，富有理想和远见卓识，具有勇于负责的精神和灵活应变的能力。如果没有理想和远见卓识，就不可能激发学生积极奋斗，走向成功；如果不能勇于负责和灵活应变，就无法凝聚力量与士气，也就难以实现教学目标。

由此可见，情商是每一位教师的必修课，是每一位教师在追求教学艺术过程中需要不断自我修炼的一项重要内容。

情商是一种能力，情商是一种创造，情商又是一种技巧。既然是技巧就有规律可循，就能掌握，就能熟能生巧。亲爱的老师，只要我们多点勇气，多点机智，多点磨练，多点感情投资，我们也会像"情商高手"一样，营造一个有利于自己生存的宽松环境，建立一个属于自己的交际圈，创造一个更好发挥自己才能的空间。

 小贴士 —————————— 教师情商特质的三维解读

有人曾用长度、宽度、高度对教师的情商特质进行解读。

情商的长度，是指教师对自己的认识度。情商高的教师通常对自己有深刻的认识，具备良好的自我意识、自我管理和自我激励能力，他们对学生有巨大的榜样力量和示范作用。

情商的宽度，是指教师的胸怀。情商高的教师通常心胸宽广，凡事能将心比心，对学生有敏锐的认识，遇到事情能用自身真诚的情感反馈学生的情感需求，具备良好的共情能力，能用爱心感化学生、鼓舞学生。

情商的高度，是指教师的思想。情商高的教师，通常思想先进，见解独到，具备卓越的判断能力、应变能力和勇于负责的精神，他们善于用愿景激励学生，用哲学的思辨点化学生。

提高教师情商的
有效途径

虽然我们无法预定智商，却可以提高情商，一个杰出的人未必有着高智商，却一定有着高情商。提高情商其实有着简单而易行的方法，你需要的就是坚持。

什么是良好的教育？良好的教育应该致力于培养学生敏感的心灵、丰富的体验、充沛的情感，它能给无助的心灵带来希望，给软弱的双手带来力量，给自卑的人们带来自信；而一个拥有希望、力量和自信的人，最有可能成为幸福生活的创造者和美好社会的建设者。

教师，作为落实素质教育的主要承担者、高尚灵魂的塑造者、心智潜能的启迪者，其情商水平应达到人类文明的最高水准；这是情商教育的需要，也是现代教育改革的期待。

现代教师的天职，是培养勇于创新、有较强的自制力、关爱他人、有社会责任感的全面发展的一代新人。这一重大职责不仅要求现代教师拥有渊博的专业知识，更重要的是必须具备与学生心灵接触沟通的能力、唤起学生内在潜能的能力，能促进他们在认知过程中人格、情感的提升与和谐发展。而要做到这些，教师自身必须具备优良的情感品质，必须具备较高的情商。

虽然我们无法预定智商，却可以提高情商，一个杰出的人未必有着高智商，却一定有着高情商。提高情商其实有着简单而易行的方法，你需要的就是坚持。研究发现，提高教师情商的有效途径主要有以下几种：

1. 执着追求教育理想

教师的工作决定了他们通常会在教育活动中通过塑造学生的灵魂来净化自己的灵魂。以美国心理学家马斯洛的五个层次需要金字塔理论来看，人最高层次的需求是自我实现的需要。对于教师而言，这种需要就是其教育理想的实现。教师通常是在对教育理想的追求中感悟人生境界的魅力，人格得到完善，其情商也会随之提高。

2. 不断提高认知能力

在当今信息时代，传统的"给学生一碗水，教师必须有一桶水"的说法已经落伍。教师即使有"一桶水"，也是远远不够的，必须要有"活水源"，才能不断地滋润自己，滋养学生。教师只有跟上时代的飞速发展和满足学生不断增长的知识需求，才能创造流淌着情感和涌动着生命活力的课堂。

3. 拥有爱与责任

教育是一项需要爱心的事业，温家宝同志指出："没有爱就没有教育。"爱，就意谓着责任。教师要用自己的爱心感染学生，熏陶学生，把自己的全部智慧无私奉献给学生，甘做人梯。教师也从对未来一代的尊重、信任、欣赏和期待中获得情感力量的增长。这是作为一个教师至高至妙的境界，同时也为提高教师情商提供了不可或缺的营养。

假如你是一个有着教育理想和信念的人，一个知识渊博的人，一个富有爱心和教养的人，一个拥有想象力和创造力的人，一个能够唤起学生对生活的热爱和责任的人，一个学而不厌、诲人不倦的人，那么你不仅是一个好教师，而且是一个情商高的教师。

马丁·路德·金指出："一个国家的繁荣，不取决于它的国库之殷实，不取决于它的城堡之坚固，也不取决于它的公共设施之华丽，而在于它的公民的文明素养，即在于人们所受的教育，人们的远见卓识和品格的高下。这才是利害攸关的力量所在。"

教育培养什么样的人才，是关系国家前途命运的大事。良好的教育应该致力于培养学生敏感的心灵、丰富的体验、充沛的情感，它能给无助的心灵带来希望，给软弱的双手带来力量，给自卑的人们带来自信；而一个拥有希望、力量和自信的人，才会担当起国家发展建设的重任。

 小贴士 ——————————————————— 提高情商的8种方法

1. 学会划定恰当的心理界限。与他人划定一定界限的好处是，相互之间的相处会更加舒适。事实证明，界限能力差的人易于患上病态恐惧症，他们不会与侵犯者对抗，而更愿意向第三者倾诉。界限清晰对彼此都有好处。作为一个人，必须明白什么是别人可以和不可以对你做的。当别人侵犯了你的心理界限，你应该明确地告诉他，以求得改正。如果总是划不清心理界限，那么你就需要提高自己的认知水平。

2. 找到适合自己保持平静的方法。通常情况下，我们可以选用以下的方法来平静心情：（1）深呼吸，直至冷静下来。慢慢地、深深地吸气，让气充满整个肺部。把一只手放在腹部，确保你的呼吸方法正确。（2）自言自语。比如对自己说："我正在冷静。"或者说："一切都会过去的。"（3）水疗法。洗个热水盆浴，可能会让你的怒气和焦虑随浴液的泡沫一起消失。（4）想着不愉快的事，同时把你的指尖放在眉毛上方的额头上，大拇指按着太阳穴，深吸气。

3. 抱怨前先停一下，问自己是忍受现状还是改变现状。研究发现，没完没了的抱怨，对问题的解决毫无用处，也很少会使人感到好受一点。但如果有压力者对有同情心的第三方倾诉委屈，而他会跟着一起生气的话，有压力者通常会感觉好受一些，尽管事情没有任何改变，但人的压力似乎减轻了，于是又能重新面对原有的局面了。因此，当一个人准备向一个同情他的朋友报怨时，先自问一下：我是想减轻压力保持现状呢，还是想让压力持续下去促使我改变这一切呢？如果是前者，那就通过报怨把压力赶走吧。但如果情况确实需要改变的话，下定决心切实行动起来吧！

4. 扫除一切浪费精力的事物。一切浪费精力的事物都是不利于我们提高情商的力量。精力是微妙的，但也可以体会到明显的变化，比如听到好消息时，肾上腺素会激增，而听到坏消息时，会感到精疲力竭。通常，人们不会留意精力细微的消耗，比如与一个消极的人相处、在桌上到处找一张纸等。如果一个人想集中精力提高自己的情商，就需要去除缓慢地浪费自己精力的东西。去除的方法可以试试美国情商专家提供的方法：（1）列出经常消耗你精力的事情。（2）系统地分析一下名单，并分成两部分：可以有所作为的；不可改变的。（3）逐一解决"可以有所作为的"名单中的问题。比如对我来说，把汽车钥匙挂在一个固定的钩子上，这样就不用到处找了。（4）再看一下"不可改变的"名单中的问题，你是否有把握解决？有没有把其中一些移到"可以有所作为的"名单中加以解决的可能？（5）放弃"不可改变的"名单中的问题。

5. 给自己的人生树一个榜样。榜样的力量是无穷的。在周围的人中找出你学习的榜样吧！他们也许比你聪明、所受教育更好、层次更高、比你更有毅力，但你会在追赶他们的过程中自然地提高自己的情商。

6. 学会为人父母。为人父母会教会人很多东西。在养育孩子的过程中，我们很多人都学会了抑制自己的需求来满足孩子的需求，这种过程会磨平人的棱角，提高人的情商。如果你不愿意生养孩子，可以通过为朋友看孩子来学习与孩子相处，从而提高自己的情商。

7. 从难以相处的人身上学到东西。与难以相处的人相处是我们提高自身情商的好机会。比如，我们通常可以从多嘴多舌的人身上学会沉默，从脾气暴躁的人身上学会忍耐……应付难以相处的人最有效的方式就是灵活。比如，如果这人喜欢先闲谈再谈正事的话，你就应该先放松下来，聊聊家常；如果这人直截了当，你也应该闲话少说，直奔主题。这样，你就会发现，这些人并不是那么难以相处。

8. 换种方式行事。通常情况下，每个人遇到事情都会选择自己偏爱的方式行事。然而，如果我们突破常规，尝试截然相反的行动，常常会更有助于我们的成长。

突破低情商的
3 种障碍

情商是一种能力，情商是一种创造，情商又是一种技巧。既然
情商是技巧，就有规律可循，就能掌握，就能熟能生巧。

心理学家研究发现，情商是一种能力，情商是一种创造，情商又是一种
技巧。既然情商是技巧，就有规律可循，就能掌握，就能熟能生巧。因此，
只要我们多点勇气，多点机智，多点磨练，多点感情投资，我们也会像"情
商高手"一样，营造一个有利于自己生存的宽松环境，建立一个属于自己的
交际圈，创造一个更好发挥自己才能的空间。

通常来说，教师的情商素质主要体现在 3 个方面：一是自我情绪的管理
能力。二是对他人情绪的体察、感受、理解能力。三是与人交际沟通的合作
能力。基于此，有研究发现，教师群体在工作中常见的低情商表现有以下 3
种障碍：

1. 缺乏自控

在冲动的情况下对学生进行不同类型的处罚，这种经历很大一部分老师
都有过。据有关资料统计表明，教师体罚学生发生率最高的是罚站与罚跑，
为 40.3%；罚抄作业为 37.8%；罚留校为 29%；讽刺为 26.7%；打为 15.4%；
不让进教室为 12.1%。

教师对于这些失控行为的解释通常为"恨铁不成钢"，但对学生施以暴

力后，多数教师都后悔莫及，后悔自己的情绪冲动，一时失控。

有专家认为，教师体罚学生，是其自身情绪不健康的突出表现。因此，教师缺乏自控是教师体罚学生的根本原因，也是损害教师形象的罪魁祸首。因此，教师要学会提高自身的自控能力。

美国著名的"糖果实验"通过对孩童从小到大跟踪、测试、考察证明，人的自我管理情绪达到理智伴随情感的一种自律状态是一个人获得成功的重要因素。纵观当今社会，优秀教师无一不是自控能力强的理智者，展现出教师的高风亮节。他们面临市场经济的冲击却不被金钱诱惑、保持纯洁的人格；他们面对棘手的学生，不因"恨铁不成钢"而冲动体罚学生，而是动之以情、晓之以理、导之以行、持之以恒、保持爱生如子的人文关怀。

教师缺乏自控的矫正方法有 5 种：

一是加强思想修养，提高文化素养。一般来说，一个人的文化素养同其承受能力和自控能力成正比，提高自制力最根本的方法是树立正确的人生观、世界观，保持乐观向上的健康情绪。二是稳定情绪，强化自我意识。遇事要沉着冷静，自己开动脑筋，排除外界干扰或暗示，学会自主决断。要用合理发泄、转移注意力、迁移环境等方法，把将要引发冲动的情绪宣泄和释放出来，保持情绪稳定，避免冲动。三是强化实践锻炼和意志力量。一方面，要加强学习，积累知识，开阔视野，用知识来武装和充实自己，提高自己分析问题和解决问题的水平，并通过学习别人的经验来扩展自己决断事情的能力；另一方面，积极投身到教育教学实践中去，刻苦锻炼，不断丰富经验，提高自己的适应能力。只要是你经过自己的实践认准的事，就应义无反顾地走下去，想方设法达到预期目的。四是调整好需要结构。当需要不能同时兼顾时，可适当抑制一些不可能实现的需要。五是强化积极思维。平时注意经常思考问题，增强预见性，关键时刻才能及时、果断、准确地作出选择。

2. 缺乏自省

在发展市场经济的过程中，"一切向钱看"的拜金主义思想也使宁静的校园受到了影响和侵蚀。各种形式的钱权交易严重破坏着校园风气。有偿家教、擅自向学生推销教学辅导材料等以教谋私的行为在教师中几乎遍地开花。这些现象使教师以身立教的作用大大削弱，教师已无法以自己的人格去影响学生的人格，学生已无法对教师产生崇敬并对其教的内容发生兴趣。

教师职业是一个教书育人的职业。"学高为师，德高为范。"教师是正确的科学的传道、授业者，对其品德行为方面的要求很高。从事教师职业就应当品学兼优，不能斤斤计较个人利益；要有高度的责任心，要自觉地把自己的全部知识、才华和爱心奉献给学生，奉献给教育事业。

教师群体出现以教谋私的行为，主要是由于有的教师受社会上金钱至上、权钱交易等不正之风的影响，人生观、价值观发生了偏差。因此，作为教师，应当时刻保持清醒的自省意识，加强对职业道德和职业精神的修炼。

教师缺乏自省的矫正方法有3种：

一是完善自己的人格。教师是以自己的崇高人格来影响学生、教育学生的。因此，教师在追求道德境界的基础上，要追求更高层次的精神境界。如果教师做事的动机是功利的，如送礼就好好教，不送礼就一般化，或者对有权（钱）的家长巴结，或者一心利用学生大做生意等，这样，未免带有一身铜臭味，必然迷失方向，也难以培养出优秀人才。二是加强自己的学术功力。教师教书育人必须具备渊博的知识和研究的能力，这是学术形象问题。俗话说："到什么山，唱什么歌。"要做好教书育人工作，就要研究教书育人的学问和规律，不能满足于当个教书匠，要当科研型的教育家。三是加强学习，用精神力量来武装自己，抵御不良因素的影响。

3. 缺乏自励

由于信息社会的开放性、经济机制的市场性，学生个性得到了充分张扬，学生家庭出现不同程度的分化，致使学生素质参差不齐，给教师的教育教学带来了一定难度。尤其是那些学习困难的学生、转化过程出现反复的学生更令教师感到棘手。在这种情况下，有的教师丧失了信心，没有了耐心，甚至动摇了终身从教的决心。因而对这些学生采取了放弃的态度，造成了大量学生厌学甚至辍学。

出现这些现象，主要在于教师不能自励、缺乏抗挫折心理。教师在教育的实践中，遇到困难是客观的、经常的，产生一点畏难情绪和焦急心态也是正常的。然而，如果教师能够自励，就可随时振奋精神，提升自己的职业境界。教师缺乏自励，就会忽视把教育这份不平常的工作与国家富强、民族振兴的神圣使命联系起来，与培养人才、完成科教兴国重任联系起来，把自己崇高的教师职业形象与人类灵魂的工程师、道德的化身、学生的楷模、父母的替身联系起来。教师不能自励，必然导致不能敬业爱岗，遇到困难打退堂鼓，工作不负责任乃至放弃教育部分学生。

我国儒家学说强调"吾日三省吾身""人贵有自知之明"。西方国家的圣贤认为"认识自己，你就是一座金矿""认识自己，就能超越自己"。总而言之，认识自己就可以提升自己的人格素质，塑造自己做人的典范形象。

教师缺乏自励的矫正方法有9种：

一是要有强烈的自我追求精神和进取心。二是要有百折不挠的毅力和勇气。三是任何情况下都要信心百倍地作出正确的决策，坚决克服优柔寡断。四是要敢闯敢干、雷厉风行。五是不要让繁琐的事物消磨自己的意志。六是让朋友成为成功的助推器，广交友、善交友、交好友。七是做人要更加成熟，做事要更加圆熟。八是要自我鼓励、自我肯定、自我暗示。我行、我能、我敢，挑战一切心理障碍。九是要培养学习兴趣，加强谈吐锻炼，做有内涵、有气质的人。

 小贴士 ——————— 职业生涯中 12 个低情商思维

1. 总觉得自己不够好。

2. 非黑即白看世界。

3. 无止境地追求卓越。

4. 无条件地回避冲突。

5. 强行压制反对者。

6. 天生喜欢引人侧目。

7. 过度自信。

8. 被困难"绳捆索绑"。

9. 疏于换位思考。

10. 不懂装懂。

11. 管不住嘴巴。

12. 质疑自己的路到底对不对。

做一个高情商的
成熟教师

亲爱的老师，有一点我们必须明白：情商涵养在教师的自我价值实现和事业的成功上起着重要的作用。

研究表明，一个有高情商水准的人，能够准确地解读他人的情绪表征，并且作出恰当的反应；能够自我激励并且激励他人；自控能力强；有坚忍不拔的精神，意志力强；能够与他人和谐相处或有协调人际纷争的能力。

亲爱的老师，有一点我们必须明白：情商涵养在教师的自我价值实现和事业的成功上起着重要的作用。一个高情商的成熟教师，才能为国家培养出高情商、好智商的学生。我们从以往的经验来看，高情商的成熟教师具备以下特征：

1. 自我认知能力强

实践证明，高情商的成熟教师应既懂得师德的基本规范，又懂得自己的知识结构何时应该调整、如何去调整，知道自己的优势和如何去发挥优势。他们通常能在自我观察的基础上，进行实事求是的自我分析，能比较客观地了解自己的长处和短处、优势和劣势，从而作出恰当的自我评价。

具体表现是，有的教师爱好广泛，幽默风趣，他们长于与学生进行思想沟通；有的教师虽然不善言词，但计算机水平高，长于做课件，他们善于利用课件进行教学；有的教师领导才能很强，他们长于在组织课堂教学上形成自己的个性特色。

2. 移情能力强

高情商的成熟教师，移情能力强，长于认知他人的情绪，事事都能设身处地地为他人着想，懂得关心人、理解人和尊重人。

研究表明，当我们要对不同的对象有所帮助，就要了解他最需要什么。要了解对方的需要，就要站在对方的角度上来思考问题。移情能力强的教师通常能站在学生的角度去换位思考教育教学中发生的问题。

3. 自控自律能力强

教师是一个特殊职业，特殊在教师的一言一行，都要能为人师表。言上，教师不能随性而出；行上，教师不可率性而为，任何时候都要养成自我控制、把握好度的习惯。

高情商的成熟教师通常具有敏锐的自我情绪觉察能力，能迅速准确地觉察自己的情绪反应，时时进行自我反省，善于观察和尊重他人的情绪反应。他们在情绪的理性化方面水准很高。

4. 有积极的、高层次的心理健康水平

我国教师的心理健康问题不容忽视，近年来，中小学教师已经成为心理障碍的高发人群。据国家中小学生心理健康教育课题组对某省 168 所城乡中小学 2292 名教师所进行的检测结果表明：中小学教师心理障碍（自卑、嫉妒、焦虑）发生率高达 50％。研究表明，压力是影响教师心理健康的主要因素，如职称评定、岗位聘任、末位淘汰、按绩取酬，等等。而不善于转化压力，不善于自我调节、适应，是心理障碍发生的主要原因。

高情商的成熟教师有着积极的、高层次的心理健康水平，他们通常能以积极的眼光看待世界，看待周围的事物；他们富有利他精神，能在尝试付出、伸展自己的过程中增强自我价值感。

5. 自强自励，开拓进取

自我激励，要能发现优点，发现激情。具体包括：始终保持高度的热忱，是获取成熟的动力。要根据主要客观情况的变化，在瞄准大目标的前提下，给自己制定新的分阶段目标。

高情商的成熟教师通过积极的自我感受，形成了适度的自爱、自尊、自信、自强等心理品质，有着强烈的责任感和贡献感，能自觉地根据自己的职业信念感激励自己，全身心地投入教书育人的活动中，对自己献身的职业充满自豪感和荣誉感。

6. 善于沟通，协调能力强

有关研究表明，学生对教师态度（情感）方面的要求远远超过了对教师知识的要求。在被调查的 422 名学生中，选择最喜欢的教师特点前三项依次为：和蔼可亲、平易近人（60%），热爱、了解学生（31.5%），活泼、开朗、善谈、热情（30.6%）。可见，教师对学生的情感表现是十分重要的教育力量，具有其他教育因素不可替代的作用。

高情商的成熟教师善于理解学生，对学生有感情，把学生的需要放在第一位，从学生的个性心理特点和成材的角度谋划自己的工作，因而深受学生的喜爱。他们有着较强的处理好人际关系和组织管理的能力。

 小贴士 ———————— 自我检测：高情商 VS 低情商

科学家发现，大脑控制情绪的部分（边缘系统）受损的人，可以很清晰和符合逻辑地推理和思维，但所作出的决定都非常低级。科学家因此断定，当大脑的思维部分与情感部分相分离时，大脑不能正常工作。人类在做出正常举动时，是综合运用了大脑的两个部分，即情感部分和思维部分。一个高情商的人是会综合利用大脑中的各个部位的，并在大多数情况下运用其大脑皮层部分。

▶ **高情商：**

尊重所有人的人权和人格尊严。

不将自己的价值观强加于人。

对自己有清醒的认识，能承受压力。

自信而不自满。

人际关系良好。

善于处理生活中遇到的各方面的问题。

▶ **较高情商：**

是负责任的好公民。

有独立人格，但在一些情况下易受别人焦虑情绪的感染。

比较自信而不自满。

较好的人际关系。

能应对大多数的问题。

▶ **较低情商：**

易受他人影响，自己的目标不明确。

比低情商者善于原谅，能控制大脑。

能应付较轻的焦虑情绪。

把自尊建立在他人认同的基础上。

缺乏坚定的自我意识。

人际关系较差。

▶ **低情商：**

自我意识差。

无确定的目标，也不打算付诸实践。

严重依赖他人。

处理人际关系能力差。

应对焦虑能力差。

生活无序。

姜霞：用情商焐热青春的心灵

　　并不是所有的学生都会喜欢我，但是对此我并不介意。我只希望他们每个人都有很阳光的心态。

　　"情商的高低，对于能否当好班主任，似乎是颇有影响的。我的情商应该是比较高的。"这是浙江省杭州市服装职业高级中学设计专业的教师姜霞自豪地说出的一句话。

　　姜霞，曾任该校2004级（4）班的班主任，她很年轻。说起她带过的学生，她时时处处都表现出一种姐姐般的疼爱。

1. 向学生"表白"自己

　　由于情商高，所以姜霞敢于首先向学生"表白"自己。

　　"我想跟你们交朋友，我非常想知道你们是怎么看我的，因为这样我可以更好地改变自己。"姜霞说，在这样的谈话中，她希望给同学们一种成人间的平等感受，这是彼此信任的第一步。

　　果然，事情的发展就像姜霞所预料的那样，同学们慢慢地认可她了。这表现在周记上，同学们愿意将一些心里话告诉她。

　　而对于同学们发出的信任的信号，姜霞都是在第一时间给予回应，她会写上更多的感想，与同学进行心灵的交流。

　　有一个女生，在周记里写到了家中曾经发生的一个重大变故，对她的人生态度产生极其消极的影响，姜霞与这个女生探讨了许多人生的真谛，鼓励她更积极地面对生活，得到了她莫大的信任。现在，这个女生已经顺利考上大学，她们这种姐妹式的感情一直都保持着。

2. 每天回忆学生的行动和语言

"我从来不在同学面前掩饰自己，我让他们了解我的喜好、我的风格。我走近他们，让他们了解我的追求，比如什么是我所讨厌的，什么是我所反对的。"这是姜霞高情商的另一种表现。

其实，姜霞也是独生女儿，在家中是被父母宠爱的。但是，在学生面前，她表现出的"爱的能力"是超强的。

"我把至少三分之二时间都给了学生们。我每天都会在脑海中回忆一下他们的行动、语言，把它们变成我心里的一部分。"班上有35个学生，要了解每个人的性格和能力，并不是一件容易的事情。

姜霞说："刚刚进校时，不少学生心里都有着酸楚的感觉。或许是因为学业一直不理想，受到过许多不公平的对待；或许是因为父母离异，家庭亲情并不温暖；或许是因为家庭经济困难，感到生活压抑。所以，我告诉自己要给他们更多的自信，更多的赞赏。"

3. 为学生捕捉每个机会

对于如此多的感情付出，姜霞是不是得到了足够的回报？

"并不是所有的学生都会喜欢我，但是对此我并不介意。我只希望他们每个人都有很阳光的心态。"姜霞很平静地说，她曾经是一个完美主义者，非常希望每一个学生都爱她，但是她慢慢地发现这是一种苛求，所以就开始反思。

"我曾经带过一个非常有天分的学生。我跟他约定要共同努力，一起争取好的成绩。但是，这个男生表面上是答应我的，但实际上却没有努力。当时，我很伤心，觉得他辜负了我的信任。但是，在冷静下来反思以后，我觉得可能是自己错了，学习可能未必是每个孩子都乐意的事情，但是能力对他们可能更重要。所以，我就想方设法为他们创造机会去提高能力。"

（沈伟红）

- 什么是孤独？孤独是从人群中偷来的享受，它高傲、优美，完全是精神的自由。孤独，是需要我们有独处的时间，做到"如我所是"，完全不需要装扮、做作，不需要故作深沉。

- 什么是寂寞？寂寞是一种病，是一种精神的饥饿。既然是病，就需要治疗。寂寞的人如何找到治疗的方法？方法就是人群，寂寞的人总是需要他人的陪伴。

- 人群的治疗分为两种。一种是需要建造人脉，这仅仅是互为功利（确实有用，不过不会有真正的朋友）；还有一种是寂寞者的相互取暖，这是廉价的交往。

- 孤独不求外物，反求诸己（也就是淡定）。

- 寂寞是无可慰藉的牢笼。因为寂寞的人无所适从，焦躁不安。他们的思想从贫瘠到荒芜，产生自我厌弃感。

- 孤独不是故作姿态，孤独是一种心境。沉默未必是孤独，孤独没有任何形式，那是孤独者精神上的自我流浪。装出来的叫浮躁，那是一种虚荣心，是为了招揽目光。

- 真正的朋友是二人世界。我们很安静，但是不冷清。多一个人就难免会有不能讨论的话题，这就是一种分心，从一种不设防变成了一种社交。三个人的世界太拥挤。

- 很多东西放到时间里去看就能看清楚。要么越走越远，要么越走越近。

- 跟朋友在一起也是一种孤独。但是这种孤独更美好，会比自己一个人的时候还自如。因为真正的朋友全然不设防。

- 朋友是奢侈品，奢侈的东西都是不实用的东西。这种东西拥有了就该满足。因为，除了友情，他什么也不能给你。

- 朋友不是附庸，不会只有赞同、妥协。朋友在现实中需要如切如磋，如琢如磨。

- 有些所谓的倾诉、出气筒，都是语言暴力。不该以"这是对朋友的信任"为借口。这是对朋友的滥用。朋友不该承担这种宣泄。灵魂伴侣是灵魂上的一体，他不该承担我的琐事。

· 朋友应该是无用的（此处的"用"指利用）。和他在一起的时候就会感到自由自在。执手相看无语，却心事了然。

· 真正的朋友之间不常联系也没有关系，隔上两三年，电话那头的人好像从来没有离开过。需要经常联系才能维护的所谓"友情"是不牢靠的，因为一旦不联系，他们会断（从来也不会想起，永远也不会忘记）。

· 两个戴着面具的人就不用做朋友了。

· 人和人之间要保持距离，距离产生美。靠得太近，我们就会看见对方越多的缺点。两块石头投入水里，太近水波就越会相互干扰。

· 人对最亲近的人最残忍，因为太接近，往往看不到对方点点滴滴的优点。

· 当我看不见所有人的时候，我对他们产生了一种精神上的凝望，这种凝望叫作思念。

· 周围的人太多，于是我们对人群淡漠。我们很多人喜欢旅行，这是为什么？因为我们是希望找个没有人的地方去自我放逐一下。我们为什么要避开别人？因为孤独者即有趣者。孤独是自我寻乐的消遣方式。

（摘编自复旦大学校园网）

田老师的课堂有点儿"甜"

> 教师需要不断关注学生，用自己的教育智慧与学生共同书写一幕幕不可重复、不可复制的生成的精彩。

"田老师上课时有一种'田（甜）'的感觉，下课以后仍然感觉'田田（甜甜）'的！"这句话是北京市康乐里小学四年级学生刘善韬对特级教师田丽利的评价。

刘善韬说："田老师上课很有意思，而且很有特点，她会用 6 个圈说 $\frac{1}{2}$，还会用捐款的事说王方有多少钱、刘林有多少钱。田老师出的题也很有意思，还让我们起立抢答。"

事实上，跟刘善韬一样，很多孩子都会为田丽利的课着迷。对于这一点，田丽利有自己的心得："课堂教学中的精彩有来自课前的精心预设，也有来自动态生成中的教学机智。生成的精彩更多的来自教师与学生、学生与学生之间有意义的、有思维碰撞的对话和交流。所以，教师需要不断关注学生，用自己的教育智慧与学生共同书写一幕幕不可重复、不可复制的生成的精彩。"

田丽利用一个个充满智慧的小故事向笔者讲述了她经典的课堂记忆……

跟着学生的感觉走

新学期开学的第一天，当田丽利面带微笑，以异常饱满的精神状态走进教室的时候，她发现班上大部分学生没有像以往那样坐好了准备上课，而是沉浸在数学书中……

田丽利改变了她的教学预案。"孩子们，我和你们一样，也特喜欢这本数学书，让我和你们一起翻开第一页——"

"我看过介绍《九章算术》的书，《九章算术》距今已有1900年了。我们前面学习过的分数、面积，在《九章算术》中都有研究。"看着孩子们开始对《九章算术》有了兴趣，田丽利笑着问他们："谁读过《九章算术》？"教室里一片安静。

"那让老师和你们一起走进《九章算术》，开启数学发展的'旅程'，好不好？"田老师的号召，赢得了全体学生的响应。大家表示读完《九章算术》将一起交流体会。

带着这份快乐，大家继续翻看着数学书。在田老师的带领下，孩子们始终很兴奋地感受着书里的新知识，甚至还有同学提出了不少有价值的问题，比如"小数点后面是不是还有很多位"等问题。

这样的提问正是田丽利以后的教学资源，她为学生的收获欣喜不已。

放开手，孩子会走得很好

这是一节解决"鸡兔同笼"问题的数学课。

杨添同学把田老师拉到他的面前，用商量的口吻说："老师，这节课的鸡兔同笼问题由我来给大家讲吧！"话音未落，聪明的展之遥也站起来，"老师，我也要给同学讲！"田丽利为之一振，"好，就这么决定了，这节课由杨添和展之遥两位同学来为我们上课"。田丽利坐在了学生的座位上，教室里顿时响起了第一次掌声……

杨添走上了讲台，带领同学用填表的方法解决了问题。课堂响起了第二

教师的幸福资本——成长为优秀教师的8种特质（第二版）

次掌声。

展之遥同学又跑上了讲台。"请 12 个同学到前面来。"12 个学生来到讲台上，展之遥像模像样地指挥着："请你们 12 人把两只手放在身后。现在你们就是 12 只可爱的小鸡了。12 只可爱的小鸡应该有 24 条腿。可实际是 32 条腿怎么办呢？""加上！"学生说，"加上多少条腿呢？""32–24=8（条）。"学生列出了算式。"怎样加呢？同学们请看这里！由于兔子是四条腿，请其中的一个同学把两只手放下，并且哈着腰，一只活泼的小兔子就出现了，再请一个同学放下两只手，哈着腰，又一只可爱的小兔子出来了……"问题就这样迎刃而解，站在下面的田丽利吃惊地笑了。

"展之遥的假设法引起了我的思考，我也用假设的方法……"田丽利边向前走边说。话音刚落，郭奕菲同学跑了上来："老师，我要说。"此时的田老师乖乖地退下讲台，因为她突然间明白了：放开手，孩子会走得很好。

相信你的学生

一堂普通的数学课，只要在田丽利的组织下，孩子们就会有 20 分钟的独立思辨时间。

"同学们会画三角形吗？"田丽利环视学生，微笑着问。

"会！"——在学生看来太简单了。

田老师紧接着说："快，在数学作业本上任意画出三个不同的三角形。"

学生静静地画着，高兴地互相欣赏着：钝角三角形、锐角三角形、直角三角形……

"只要是三条线段就可以围成一个三角形？"田老师用疑问的语气问。

"是！"学生异口同声地回答。

"既然如此，我们按要求再画三个三角形。第一组三边分别为 2 厘米、3 厘米、4 厘米；第二组三边分别为 1 厘米、2 厘米、4 厘米；第三组三边分别为 2 厘米、2 厘米、4 厘米。"田老师启发学生道。

学生静静地画着。刚开始画时，教室里非常安静，一会儿就有学生小声说话，田丽利保持沉默——从小声说话中，她明白学生产生了疑问。

说话的人越来越多，声音也越来越高，田丽利在一旁不动声色地继续旁观。学生认知冲突引起的争论持续了20分钟——认知的冲突，真实的争论，激发了学生进一步探究学习的欲望，为学生有效建构数学知识开了个好头。

"能够围成三角形的三条线段到底有什么特点呢？请你们将已画好的三角形的三条边测量出来，看看、比比，有什么发现？"

田老师不急于作出结论，而是将学生的思维引向深入，把对知识的深刻理解又抛给了学生。因为她相信自己，更相信自己的学生。

让学生成为小小数学家

在《分数的再认识》这堂课上，田丽利将一种从事数学活动的科学态度引入到小学数学的学习中，让学生经历数学化的过程。

田丽利通过设置问题情境，启发学生去猜想与论证自己的想法："王芳捐了自己零用钱数的 $\frac{1}{2}$，赵林同学也捐了自己零用钱数的 $\frac{1}{2}$，那他们肯定捐了相同的钱数吗？为什么呢？"

学生们在老师的鼓励下表达了自己的看法，指出老师的说法是错误的，"因为总钱数不一样"。这时田老师不失时机地引导学生理解数学的本质："数学是讲理的，要拿出证据来论证才能说服老师。"在独立思考后，经过小组的讨论，学生纷纷阐释与论证自己的不同想法。

在田老师与学生进行开放互动的课堂对话中，小学生如同数学家那样从事数学活动，学会用数学的眼光观察问题，用数学的方法思考问题，使自己成为发现真理的权威。

通过这样的数学课，田丽利希望学生可以在数学学习中获得一种力量——这种力量能够给予学生一种能力、自信与乐趣，并在日常生活中形成一种科学的态度，使他们成为一个独立的学习者。这正是教育所倡导的精神。

旁白：田丽利逸事

1. 占两个格的"标准对勾"

田丽利在批阅学生作业时，对自己有个不成文的规定，那就是对钩占两个格刚刚合适。田丽利认为："老师的对钩不要太大或太小，占两个格的位置比较合适，另外对钩尽量不要压住学生的字迹，横、竖都要对齐。"几句朴实的话，却给人很深的印象。一般教师在批阅作业时可能只关注了学生的书写，要求学生的字迹工整、美观，而对自己的要求只是做到不错判、不漏判就行了。

田丽利把自己对学生的严格要求首先落实在自己身上，她不仅要达到最基本的要求，还力求给学生带来一种美的享受，一种认真学习和生活的态度。

田丽利告诉笔者："我们教师的字迹印在学生的作业本上不会太多，当学生看到自己尊敬的老师漂亮的字体、认真的工作态度，就会被老师的行为和精神所感染，最终学生会把这种崇敬之情落实在自己的学习和生活中。"

2. 反复擦写了 5 次的粉笔字

提到田老师，不能不提的是她精湛的业务。田老师精湛的业务，在同事中有口皆碑，特级教师的光环，正是对其业务精湛的肯定。而她对自己要求之严格，是一般人不知道的。

那是 1990 年，当时田老师正在为六年级的一个班代课，因为板书中的一个字令她自己不满意，她反复擦写了 5 次，直到满意为止。

田老师说："不管在什么时候、什么环境，面对什么人、什么困难，我从不服输。"正是这种执着与不服输的精神支持了她，成就了她。

（冉阳）

- 　学生的一句话、一个表情、一个动作，都能成为让我们为之一振的精彩，教学的艺术就体现在敏锐地捕捉学生身上显露出来的教育细节，静静地倾听，深入地挖掘，在细节上做文章，于细微之处见精神。这样，教学就会走进学生的内心世界，就能赢得学生的阵阵掌声，那时的我和我的学生将更加美丽、迷人。

- 　走在街上，能看出我是一名教师；走进学校，能看出我是一名数学教师；走进课堂，我就是数学。这是我对数学教师的定位。

- 　一位哲人说过："人不是一件东西，它是置身于不断发展过程中的生命体。"是的，在生命的每一刻，他们需要尊重，需要平等，需要信任，需要宽容，需要欣赏，需要吸取，需要相知，需要相伴，需要相望……因此，在我的视野里没有教育的盲区；在我的数学课上没有不会学的学生；在我的心里没有不被关注的孩子。

- 　错误可以说明学生在实实在在地学习，因为失败是成功之母，精彩便从错误开始。巧用错误点燃学生思维之火，一定要让学生淋漓尽致地去体验、去经历、去收获。教师用一颗细腻的心，敏锐的洞察力，成全学生丰富的生活，让教育的光芒照亮学生的生命，让生命的灵性摇曳多姿。

- 　课堂 40 分钟的教学时间是有限的，合理利用、科学分配固然重要，但有效组织更为重要。教师要小心地走进自己的课堂，像居家过日子一样，关注教育活动的过程、评价、环境、管理等内在的教育的一切方面。

第四章

网感时代来临：

教师应具备的网络情商

互联网给我们
带来了什么

人工智能革命已经到来！继 AlphaGo 击败李世石、AI 绘画大火之后，ChatGPT 开启了人工智能对人类社会产生深远影响的又一扇窗。

那么，人工智能的发展将如何塑造或影响人类的未来？人们已经开始谈论人工智能将会如何颠覆他们的工作和生活。专家预测，未来五年人工智能将导致千万人失业。

互联网浪潮风起云涌、快速裂变。当下，全球互联网领域的几大巨头谷歌、微软、苹果等都在积极进行人工智能方面的研发。在飞速的迭代中，互联网给我们带来了什么？

早在 1999 年，英国纽卡斯尔大学教育技术教授苏加塔·米特拉（Sugata Mitra）来到新德里，为当地中产阶级家庭的学生讲授计算机编程课程。学院旁边就是贫民窟，米特拉某一天生出一个想法，他将学校和贫民窟之间的围墙挖了一个洞，将一台事先连接好网络的电脑显示器和鼠标固定在离地一米二的地方。贫民窟的孩子们慢慢围聚过来，对电脑显示器和鼠标感到好奇。

8 个小时后，米特拉回到了实验地点。孩子们正围在电脑周围熟练地上网。这一幕让米特拉感到震惊。因为新德里贫民窟的孩子此前从来没有接触过甚至没见过电脑，他们是怎样在如此之短的时间里学会了使用互联网的方法呢？

在这之后，米特拉的实验升级。他在南印度的村落中，在街边摆放了一台装有英文系统的电脑，当地孩子说的是塔米尔语。这台电脑中下载了有关DNA复制的资料。几个月后，米特拉返回村子，用DNA复制的题目对孩子们进行了测试，结果他们并没有及格，但孩子们确实开始掌握了一些有关DNA的基础知识。又过去几个月，米特拉发现，孩子们的进步不明显，他从当地聘请了一位并不懂生物科学的女会计，在孩子们玩电脑时站在他们身后，发出鼓励的声音，问他们在做什么。这一回的调整，效果很明显，孩子们的平均测试接近及格线。米特拉的一连串实验表明，要帮助贫困地区的孩子，往往并不需要太多，甚至只需要为孩子们提供刺激和满足好奇心的条件就可以；但要让这些孩子取得更大的进步，在学习未知内容尤其是具有挑战性的内容时又不至于失去自己的好奇心，就需要提供必要的鼓励。

米特拉的实验说明，尽管人们生来就有好奇心，但这并不等于孩子不需要有经验者（通常是家长、教师）的指导。当一个儿童缺乏足够的知识基础时，其天生的好奇心并不能充分地发挥出来，甚至可能因为错误信息、误导信息而误入歧途。例如，很多青少年通过联网电脑搜索学习，在没有获得指导的情况下，必然会将大量时间浪费在从虚假和无意义的信息中甄别出正确信息上，还可能错信荒诞的判断、理论或者扭曲的事实。

正如英国专栏作家伊恩·莱斯利（Ian Leslie）在其所著的《好奇心：保持对未知世界永不停息的热情》中强调指出，创新始于跨界，而跨界需要将知识和见识作为基础，因而学校教育既需要培育能力也不能忽略知识，要尤其警惕那种将知识与好奇对立起来的绝对化观点。书中将好奇心分为消遣性好奇与认识性好奇，指出前者帮助我们开阔视野，发现新的和未知的事物，激励我们获得新的经历，结识新的朋友，"但如果总是走马观花而不深究的话"，我们就"只能在不断转换对象的过程中浪费时间和精力"——也就是说，从消遣性好奇到认识性好奇的升华，才是培养创新意识和能力的关键。

有趣的是，这本书也回答了"互联网让我们变傻了还是更聪明了"这一问题，给出的答案是都有可能。理由在于，互联网为具有好奇心的人提供更多的学习机会，更加便捷获取关联信息的渠道，但也为不学习、没有好奇心、得过且过的人提供了便利。

小贴士 —————————————— 中国互联网的 10 个浪潮

随着互联网的日渐发达，网络成为了让世界联通的一个关键技术。随着互联网的畅通，我们能够在任何时刻联系到远在另一方的任何一个人。

但是，伴随着互联网的发达，在给我们带来便捷的同时，常常会有人认为这些高超的技术也让人们产生了懒惰的思想，导致人的大脑开始运行缓慢，甚至有人放出"人的智商在下降"的话语。

其实，互联网带给我们的便捷是人产生的。互联网让每个人摄入的知识种类变多，并且让这个世界多元化，让更多人看见。

以下列举中国互联网的 10 个浪潮：

1. 门户：早期的互联网，以资讯为主，其中以新闻门户为主要代表。比如搜狐、新浪、网易等，都是早期互联网门户的代表性企业。

2. 搜索：现在大家熟悉的搜索引擎，大概只剩下百度、搜狗和 360 搜索了。但其实，当时跟百度在搜索领域竞争的公司有很多，比如 3721、新浪爱问、网易有道等。

3. 邮箱：邮箱产品一经问世，也是刮起了一阵旋风，基本上当时台面上所有的主流互联网公司都搞了自己的邮箱产品。其中以网易的 126 和 163 为主要代表。

4. IM：所谓 IM 就是即时通讯，QQ 就是其中的代表。但 QQ 也不是当时的唯一玩家，早些年 IM 浪潮兴起的时候，MSN、百度 HI、新浪 UC 等都是主要玩家。

5. 电商：电商平台目前主要的玩家是阿里巴巴和京东，早期的当当、卓越，更早期的 8848，往后的百度有啊、腾讯拍拍等，都是竞争者，争来争去，形成了现在的格局。

6. 微博：微博最早期以饭否为代表，但是饭否可能是生得太早，没做成。后来新浪杀入，微博一下子成了现象级产品，全民疯玩。随后腾讯、搜狐、网易等公司大批杀入微博领域。

7. 团购：大概是跟微博差不多的时间点，王兴把美国的高朋（Groupon）模式搬到中国做出了美团，然后就是千团大战，大量的投资都集中在团购领域，可惜现在几乎都折戟沉沙了。

8. 移动互联网：这个浪潮影响了互联网圈的几乎每一个企业，因为这是上网终端的转移。在这个浪潮下，微信成为代表，小米依靠手机迅速崛起，移动支付风起云涌。

9. O2O：互联网领域的创业，都是一个浪赶着一个浪，过去几年最火的一个创投领域非 O2O 莫属了，餐饮、生活服务、汽车、洗染等各个领域，项目层出不穷。

10. 人工智能：互联网的下一个时代，大家普遍认为是人工智能时代，比如无人驾驶、ChatGPT 等。

得"网感"者
得天下

如今，网络已经在各个方面渗透我们的生活，我们通过网络与人交流、展现自我，甚至很多人开始通过网络打造个人 IP，获得收益。

于是，是否能够在网络上得体地与人交往，适时地展现自己的社交属性和人格魅力，并且在网络上获取自己所需的社会资源，已经成为可以让每个人都极大受益的必备的生活技能。

"网感"这个概念也应运而生，它已经成为每个人都需要拥有的常识，甚至有人称"得网感者得天下"，那么到底什么是网感呢？如何获得网感呢？很多人对此也是云里雾里，不甚清楚。

很多人在应聘与互联网相关的工作时，会发现岗位要求上经常会提到"具有敏锐的网感"，那"网感"到底是什么呢？很多人觉得，网感是一个只可意会不可言传的概念。

通俗地说，网感就是对网络内容的敏感度，有网感的人随便写一句话、拍一张照片就能引来大量的围观。

《网感》一书作者李嗲在书中这样定义网感："引流、吸粉、打造 IP，短视频直播、卖货、网络变现的核心秘籍，拆解爆款流量 IP 成功的底层逻辑。"

网感是由互联网社交习惯建立起来的思考方式及表达方式，是流通在网络社区居民之间的潜在文化与社区氛围，可以帮助我们更好地识别彼此并拉近距离。所以很多人认同这样的观点：网感就是对网络的感知能力，或者说网络悟性。

有网感的人，发一个符号，写上几句话，发一个图片，就能吸引网民的注意。而有的人，辛苦打字、发图，在网上与人互动，却总是无法吸引别人，这就是没有网感的人。

戴建业教授就是一个特别有网感的"网红教师"，他在抖音小视频中的一段讲课内容，直接引爆全网，吸粉无数。一方面是因为他有着让人信服的职业背景，另一方面也是因为戴老师具有十分独特的说话方式，不但幽默诙谐而且十分接地气。

《网感》的作者将这种融合心理学、社会学、文学创作和互联网技术，在网络社区赢得尊重和好感的网感称为是良性网感。

而有良性就会有对立的恶性网感，比如那些恶俗的，不符合人类心理需求的，简单粗暴地以数据和流量作为唯一指标的网感，则是恶性网感。

网感就像空气、像水、像阳光，无处不在，却又无法刻意地意识到它的存在。就像《网感》的作者李嗲所说，网感就仿佛是习武之人苦苦追寻和练就的内功，只有在不断追求和超越的过程中，可以学有所成，笑傲江湖。

亲爱的老师们，你的网感，更多地来自于你的阅历，你对热点的揣摩和推敲，你对案例的获取与领悟。

 小贴士 ———————————————— 如何培养网感？

微信聊天，为什么有的人聊几句就会把天聊死，有的人却说几句就让对方感到相见恨晚？

有人说，网感的"网"不是互联网，而是整个时代之网。网络已经浸入到我们生活的点点滴滴，网感是智商、情商、搜商、学商的综合表现，是人们在生活、社交、工作中无处不在的媒介。

没有网感，你很可能会错过很多的机会，尤其是站在风口飞的机会。

那如何培养网感呢？网感是对人性的剖析，培养网感，也相当于认识人性，可以更好地去了解网民的心理。

▶ **拥有搜商，是获取网感的第一途径**

搜商，成为平常生活中的重要因素。例如，当想接待朋友时，需要找一家合适的餐厅；到异国他乡自由行时，不想错过一些必去的景点。

为何大家都发猫狗照片，有些人就能成为拥有百万粉丝的微博宠物博主？

这种判断力的获得，需要长期的锻炼和实践，需要根据数据和评论去反馈，以及通过学习和研究头部账号来揣摩大众的需求和眼光，而不是自己个人的需求和眼光。

提高搜商并非是一蹴而就的，需要我们在日常的工作学习中多观察、多学习、多实践，才能培养起自己敏锐的搜索信息的嗅觉。

通过掌握更多、更全面的素材，逐步形成自己的信息体系，进而成为一个有沉淀、拿得出手的网络达人。

▶ **提升网感，将自己打造成现实生活中受人欢迎的类型**

1. 学会自黑。在娱乐时代，很多游戏规则都让人捉摸不透。很多人的走红表面上看是一种玄学，其实是因为他们掌握了"自黑""自嘲"的技能。

我们无法通过文字、照片、视频就将某个人了解透彻，所有的认知都是片面的，这就导致了总是不可避免地会带来偏见。

但是人们总是笃信"人无完人"这个古老的箴言，太完美的人总是难以得到他人的信任——每一个把自己送上神坛的网红，从一开始就注定了被拉下神坛的命运。

这就需要我们学会适当的"自嘲"和"自黑"，暴露一些无关紧要的小缺点，而在自己的专业上又有拿得出手的东西和绝对的实力，才是网络时代最受欢迎的"人设"。

2. 学会表达。有一种症状叫作"网络失语症"，有些人不知道要在网络上发表什么，朋友圈也设置成了三天可见，这就像是亲手关上了他人了解自己的窗户。

当生活平淡如水，没有什么值得表达的时候，我们应适时创造生活的微澜，可能是去参加一次饭局，可能是一场说走就走的旅行。

通过经验丰富我们人生的阅历，通过经验砌成我们向上的基石，通过经验增添我们生命的浓度，才能避免"无话可说"的尴尬。

还有另一种提升表达能力的方式，就是多看电影多读书。以撰写影评、书评的形式加深自己对于电影、书籍的理解，既能够梳理自己的想法、锻炼文笔，又能够找到一群志同道合的人，拓展交际圈层。

▶ **掌握了网感，你才能掌握自己的人生**

如今的世界变化莫测，只有踩准时代的鼓点，我们才能够在互联网社会如鱼得水，不断扩大自己的影响力，进而积累财富，实现弯道超车。

网络情商为什么
比情商更重要

中国互联网络信息中心在 2023 年 3 月发布的第 51 次《中国互联网络发展状况统计报告》显示，截至 2022 年 12 月，中国网民规模达 10.67 亿，其中 29 岁以下群体占整体网民的 32.9%。置身移动互联网时代，提高网络情商比情商显得更为重要。

2019 年 8 月，《网络 5.0 技术白皮书》的发布，标志着在万物感知、万物互联、万物智能的智能社会，我们已经全面进入"互联网 +"时代。

当下，每一个人都同时在现实与网上生活。

2023 年 3 月，中国互联网络信息中心发布的第 51 次《中国互联网络发展状况统计报告》显示，截至 2022 年 12 月，中国网民规模达 10.67 亿，其中 29 岁以下群体占整体网民的 32.9%。

在现实生活中我们却发现，很多人有互联网使用的熟稔，却缺乏相应的互联网情商。

2022 年 10 月 30 日，某省历史教师刘某某被发现猝死在家中。有视频和图片显示，10 月初至死亡前，刘某某给学生上网课时多次遭到网暴，具体行为有：黑客潜入直播间扰乱课堂秩序、污言秽语骂人等。

近年来，因为承受不了"网络暴力"而引发的恶性事件时有发生。

2023 年，儿歌《花园种花》的歌词"在小小的花园里面挖呀挖呀挖，种小小的种子，开小小的花……"火了。唱歌的桃子老师也被网络流量捧上了云端,从无人在意的"小透明"打工人,摇身一变成了新晋网红,随后汇入直播带货的洪流之中。然而,桃子老师直播带货的行为引起争议,甚至被不少网友攻击与辱骂。

从受追捧到受攻击,仅半年多时间,徒留桃子老师在巨大的落差中失去了自我。桃子老师在采访中自曝,全网爆红之后,她不仅没有成为网友想象中的人生赢家,反而被蜂拥而来的质疑、诋毁、猜测压得喘不过气来,一度精神崩溃。"我情绪不好的时候,会大喊大叫,甚至会自虐,打我自己。"她说。

这就是我们的时代——移动互联网时代。一个不知出处的消息,经过一连串的转载、加工、扭曲而变得面目全非,最后带来巨大的灾难,这种蝴蝶效应每分每秒都在网络上映……

置身移动互联网时代,提高网络情商比情商显得更为重要。

网络情商,就是一种基于对移动互联网阅读习惯和社交习惯的洞察而建立起来的思考方式、认知方式和表达方式。

与时俱进的人,想要在互联网的"蓝海"里站稳脚跟,就需要适应网络特点,洞悉上网人的心理,掌握网络化的思考和表达,最终学会带有"网感"的话语,从而与人达成共识、形成共鸣、产生共振。

 小贴士 ———————————————— 9句高情商聊天回复

1. 你怎么那么逗?

回复:我只是不想我们的聊天乏味无趣,你若不喜欢,我也可以成熟稳重。

2. 呵呵。

回复:爱笑的人运气不会差,你最近肯定运气爆表。

3. 我没怎么读过书。

回复:丑人多读书,你的颜值胜于才华。

4. 我很胖。

回复：杨玉环比你胖多了。

5. 你怎么那么忙？

回复：跟重要的人聊天，当然要字字斟酌，慎之又慎。

6. 电话怎么一直打不通？

回复：最近在谈一个 100 块的大生意，资金不够，欠费了。

7. 怎么不说话了？

回复：你换个头像吧，总是让人看得入迷，忘了说话。

8. 我不太会聊天。

回复：不是不会聊，只是没碰到对的人，你看，我们聊得多好。

9. 在干什么？

回复：在想怎么说话，才能让你开心。

"互联网＋"时代的
教师 4 变

　　一位老师说，身处无限可能的"互联网＋"的时代，他身边的人，包括他自己，面对知识的快速迭代，快速淘汰，最深切的感受就是焦虑，无处不在的那种焦虑，深深地烙印在每个人身上。

　　身处这样一个时代，正如狄更斯在百年前说的那样，这是个"最坏的时代"，也是个"最好的时代"。

　　这位老师的困惑，代表了很多老师的困惑，也逼迫老师们去思考，"互联网＋教育"时代，作为教师，应该怎样去改变？

　　在互联网世界里，总是快速迭代，快速淘汰，你不努力，就会被互联网淘汰。教师职业更是如此。

　　随着"互联网＋"时代的到来，教育领域发生着深刻变化，"无处不在的学习""没有教室的学校""一人一张课程表"等创新实践的出现，极大地改变了传统教育的运行规则。在这个大变革时代，教师作为人类历史上最古老的职业之一，正面临着前所未有的新挑战，也迎来了前所未有的新机遇，因而要做出 4 个改变。

1. 主动拥抱而非被动接受新技术

　　今天的学生，是在数字化时代里生活的"原住民"，他们从小就接触和使用这些数字化产品，体验数字化环境带来的种种便利。作为教师，如果不正视这个现实，坚守在复制传统的经验上，那么，就会被自己的学生和先进的技术远远地抛在后面。所以，今天的教师要和学生们一起拥抱新技术。

长期以来，教师用纸和笔计算学生的学习数据，耗时费力，准确率也不高，事实上，"互联网＋教育"让这一切变得轻而易举。学生用电脑答题的同时产生海量数据，大数据分析技术可以告诉教师：哪些题过易，人人都会做，答题是无效劳动；哪些题过难，多数学生在哪个知识点出现"卡壳"；学生是否在特定段落做了笔记，是否在文章结束前就放弃了阅读……从这些数据中，可以揭示出学生最佳的学习策略。

同时，通过这些数据以及先进的技术手段，不但可以帮助教师掌握学生的学情，还可以为教学提供更好的服务。无论是身处著名的大学城，还是在偏远的小山沟，都能依靠互联网的力量学习。

"互联网＋教育"，让学习由"套餐"变成了"自助餐"，将因材施教变成了现实，同时也为教师开启了不断深入学习的大门。

2. 借助互联网成为终身学习者

"互联网＋教育"对于教师来讲，只要接入互联网，海量知识就会扑面而来，无论是哈佛大学的课程，还是一线科研的成果；无论是视频教学，还是线上答疑、讨论，都能依靠互联网的力量达成。

如此，意味着老师们如果不与时俱进就真的"Out"了！时代要求老师只有不断"海纳百川"，才能"源源不断"；只有不断吐故纳新，才能与时俱进。

3. 与学生沟通不再仅限面对面

近年来，由于网络的冲击和新冠疫情的影响，教师对学生面对面的"言传身教"已经发生了深刻改变。线上教学，不仅实现教学信息和内容的远程传输和资源共享，更重要的是，突破时空的局限，让学生与学生、教师与学生之间进行全方位的双向互动交流。这种交流可以是实时的，也可以是非实时的。

4. 不只传递知识还要设计学习过程

传统课堂的主宰是教师，学什么、何时学、怎样学、学多深、学多快、学多少都由教师掌控，学习者无论如何都摆脱不掉被动接受的学习状态。真正的自主学习是学习者自己能掌控学习的内容、时间、程度、进度、方式和节奏。而现代信息技术则可以将优质的教学视频传至网上，学习者何时看、何地看、何时进、何时退、何时停，都由自己掌控，他们可以在任何不懂的地方暂停、重播，可以独立地、随时随地地、随意地、一遍又一遍地访问课程内容，真正实现了"按自己的步骤学习"。当学习可以被自己掌控时，自主学习就真实地发生了。

这就要求教师不单是讲课，还要变身"设计师"。

把握 4 变或者更多，你就是专业的"互联网 +"教师。

 小贴士 ———————————————— 如何提升"搜商"？

▶ **关键词**

互联网时代有很多信息搜索工具，在中国最常见的是百度，当有一件事我们不知道的时候，最喜欢说的就是"不知道问百度呀"。

随着信息技术的进一步发展，微博热搜、微信指数、百度搜索风云榜等，都成为搜集信息和热点的渠道。

如何灵活地利用"关键词"去搜索？很多人搜一个问题总喜欢写很多文字进行描述，比如"如何用 PS 中的钢笔抠图？"，如果网上这类信息多还好，如果不多，有时候就很难找到。

因为你搜的文字越多，与之匹配的信息就越少。相反，如果你只搜了几个核心关键词，出现的与之相匹配的信息就越多，你也就越能找到自己想要的。

所以，提升"搜商"很关键的一个能力就是掌握"核心关键词"的提炼能力。

▶ **联想力**

很多时候，我们即便按照提炼关键词的方法去搜，也搜不到。这时候就需要另外一种能力——"联想力"。

当我们搜一个东西搜了很久还是没搜到，不要急躁，这肯定不是网上没有，而是因为你搜的关键词不对。

不知道大家有没有遇到过这样一种情况：一样东西，我们看图片认识，但就是不知道它叫什么，这时候应该怎么搜呢？

这个时代，如果你发挥联想力，你就能搜到你想要的东西。

▶ **以点及面，以面及体**

"搜商"中最重要的能力是什么？那一定就是这个——"以点及面，以面及体"的能力，或者说"抓重点"的能力。

很多人喜欢看名人自传，但大部分人看了之后，没有任何实质性的提升，也就看的时候被名人的曲折经历和动人故事所打动，热血沸腾了三分钟，然后就没有然后了。

其实，读名人自传也好，看任何东西也罢，如果你能抓住重点，就能从一个小小的点延伸开去，搜到更广更深层次的知识。这对我们提升认知维度，打破阶级壁垒，成为人生赢家，无疑至关重要。

（云骧）

线上线下教学完美切换，
老师各有妙招

新冠疫情这几年，相信很多老师最大的体会就是，从被动由线下转战线上，到灵活运用线上线下教学，完美演绎了"人人可及、处处可学、时时在线"的教育教学人生。

如何推进线上线下教学的有效衔接，概括起来可以从起、承、转、合四方面着手。

1. 起——厘清衔接起点

教学衔接的几个起点要厘清，即线上线下教学衔接工作启动起点、师生心理转换起点、教学内容衔接起点。教研部门和学校要针对这三个逻辑起点，开展线上线下教学衔接专题研修，结合实情、因地制宜、科学研判、整体推进，让教师找准线上线下教学衔接的起点。

2. 承——明晰衔接内容

衔接什么？

一是知识内容的承接。做到复课前有层次地把线上学习的内容进行复习，复课后把线上学习的内容进行检测，摸清底细，查缺补漏。

二是任务驱动的"顺承"。坚持在线教育以学习者为中心，摒弃教师线上长时间讲授、学生被动看听的现象，设计可操作、可检测、有挑战、有关联的学习任务。在任务驱动下，让素养培育、能力提升自然顺承。

三是教学方式的"延承"。线下教学开始后，依然要沿用微课讲解重点，使用模块化学习、分析性反馈等方式，从线上到线下让学习真实发生。

3. 转——熟谙衔接策略

怎么衔接？

一要教研转型。为提升在线教学质量，网络备课研修已趋向常态化。教研员、名师工作室主持人继续深化网络教研，带领区域教师共研共进。

二要理念转变。特殊时期的特殊教学形式让我们深刻体会到信息技术与学科深度融合、线上线下融合学习将是未来学习的新常态。只有认识到这一点，线上与线下教学才会自然过渡。

三要策略转换。线上教学跨越时空限制，但师生互动、生生互动相对受限。因此，在衔接中要转换教学策略，设计学习活动，让学生的学习无论在线上还是线下都兴趣盎然。

4. 合——确保衔接效果

衔接成效如何保证？

一要研培整合。区域教研培训整合推进，确保衔接有序有法、有质有效。

二要师生融合。从云端到教室，教师和学生的情感融合是衔接有成效的基础和前提。

三要家校配合。学生长时间的居家线上学习，在学习方式、行为习惯上会发生一些改变。复课前需要家长帮助孩子规范日常行为，力争让孩子以最佳的状态进入线下学习。

 小贴士 —— 打造"云"上课堂，线上线下教学有效衔接

▶ **音乐老师的云上云下乐章**

雒帅程是上海市位育实验学校的音乐老师，日常教学中因为风格活泼、生动有

趣，深受学生欢迎。线上教学期间他一直在思考如何利用这个契机，创设一个高品质的课程——基于科大讯飞 AI 云课堂，线上音乐会应运而生。

课前，雒老师通过科大讯飞智慧课堂布置了一个才艺展示作业，乐器演奏、唱歌、舞蹈等形式不限。学生可以在镜头下任意展示自我，通过智慧课堂学生上传作业，在线点评互动。课堂上，雒老师以线上音乐会的形式串起了学生的才艺展示作业，并作逐一点评、对比分析。通过此次课程，雒老师发现了很多宝藏，"同学们的乐器演奏不仅有钢琴、古筝等常见乐器，还有比较少见的笙这类簧片乐器；舞蹈有拉丁舞，还有网络手势舞；一些亲子互动的音乐剧表演也非常好，甚至还有学生模仿孙悟空舞金箍棒。这也给我以后的课程设计很多启发"。

▶ **刘丽君校长巧借 AI 赋能教学管理**

大数据、AI 等技术的成熟，为线上教学打造沉浸式课堂提供了无限可能，满足了不同教学场景下线上课堂的需要，更是帮助教学管理者灵活应对突发情况，实现科学管理、高效管理。

在东北师大附中明珠学校，因为疫情紧急开启线上教学。数据显示，开课第一周，全校 200 余名老师、3600 余名学生，在线完成了 3035 节课。"多节课同时进发，一节课出状况就会影响到一天的课程开展。此外，课程进度、课程质量，学生的学习状况、健康状况、精神面貌等问题都需要密切关注。"经过多轮巡课，刘丽君校长对于 AI 云课堂的开展情况了然于心，"可以通过平台实时巡课，通过课程报告了解教学进度、教学质量，实现科学、高效督导"。

课堂上，老师们充分利用科大讯飞 AI 云课堂创新教学形式，增加互动环节，设置"特色课程"实现小组上台合作学习，课后即时生成学生在线听课状态报告及实时有效的学习反馈。课后，通过智学网作业中心，进行作业设计、作业发布、在线批改、数据分析，辅助督导学生在线学习效果，实现在线教学的闭环管理。此外，学校还组织开展了多学科、跨学科的主题式学习、项目式学习、居家体育、劳动实践、艺术创作等，进一步激发学生的积极性。

无论在教室，还是在云端，科大讯飞智慧课堂始终充分发挥自身资源和技术优势，助力实现教育理念与模式、教学内容与方法的不断创新，为公平而有质量的教育贡献力量。

教师的幸福资本——成长为优秀教师的 8 种特质（第二版）

▶ **班主任万明莉：摸清学情是关键**

师生重返校园，意味着教学工作从线上网课教学转变为线下课堂教学。成都市树德中学外国语校区班主任万明莉是通过给学生上班会课来摸清学情的。

"网上学习不是每个人都学到位了。"开学一周以来，成都市树德中学外国语校区初三（1）班班主任万明莉作为语文老师，在课上"查漏补缺抓听写"，检测学生前期线上的学习效果，及时补漏，万明莉也利用这次机会摸清全班 46 名同学的语文学习情况。

万明莉老师认为，要让学生顺利从线下过渡到线上，关键是思想"切换频道"，调整心态。

返校不到两个月，万明莉开了三次班会课，鼓励和引导全班同学科学认识自己、树立信心、继续坚持。在她看来，面对接下来初三中考报名、体考、会考等一系列工作，学生有良好的身心状态和习惯很重要。

万明莉的做法，四川省教科院教师发展研究所所长汪桂琼非常赞赏。她认为，在返校复课工作中，教师要端正学生的学习态度，积极调整学生的心理状态，引导学生以饱满的精神和健康的心态投入在校学习，要从生活现实过渡到教材学习，引导师生以多种形式分享、研讨抗疫期间的科学认知。

做好直播课教师，
相当有技巧

线上直播授课，对于大多数老师来说，可谓是一次全新的"挑战"，毕竟多年的线下授课思维已成定势。面对屏幕里的学生，讲话像被束缚住一样，课堂组织和师生互动都不自在。

疫情这几年，教师们的角色纷纷从"优秀的人民教师"转变成为"十八线主播"——线上直播教师。被疫情局限在家的老师们，不得不自制直播设备。

下面从直播平台和硬件选择，以及上好直播课的技巧等方面来为大家进行详细的分享。

直播平台的选择

目前在线教育已经全民皆知，各种网校直播平台层出不穷，无论是免费的还是收费的，都要按照自己的实际需要去体验和选择，不要盲目跟风去购买，既浪费了时间，又消磨了信心，因为直播绝对是个体力活。

基于此，建议选择平台的第一原则就是看能否互动。直播教室不但要能提供互动白板、画笔等工具，支持老师使用 PPT 讲解，还要能支持视频拉起连麦互动、课堂文字聊天互动。尽量要模拟出教室氛围，就像学生在你面前回答问题一样。

硬件的选择

1. 手机直播 + 黑（白）板

这种设备上手方便，操作简单，比较适合纯讲授式课程。需要的设备有手机、黑（白）板、手机支架和补光灯，用视频直播的方式，可以把黑板放在桌面上或者身后，然后直接开讲。12寸的小黑（白）板就够了，太大了容易跑出镜头范围。

2. 电脑出镜 +PPT

这种设备操作略有些复杂，但效果更好，比较适合互动讲授式课程。PPT展示老师的教学思路，可以精心设计教学环节、图片、视频等，让学生感觉内容丰富，不枯燥。当学生进入直播间的那一刻，要能马上吸引住他，让他把注意力集中在授课内容上，这样学生才能认真听讲解。这里需要的设备有电脑、摄像头、补光灯、麦克风和手写板。建议使用高清摄像头。

需要注意的是手写板这一硬件，可以按照自己的操作习惯设置左右键，比如左键是橡皮擦，右键是翻页，这样就不用每次点击鼠标来回切换，既浪费时间，又显得不专业。

直播课的技巧

1. 课程时长最好在 60 ～ 90 分钟

一场直播时长建议在60～90分钟左右。与教室上课所处环境不一样，在家听直播课，学生可能是坐在沙发上或躺在床上，喝着可乐，吃着薯片，所处的氛围相对于教室是轻松很多的。直播课就好像一档电视节目一样，60～90分钟是比较适合的。

很多老师会有疑问，如果学生不全神贯注，学习效果能好吗？关键看课程内容是否能吸引他，直播课内容一定要定位清晰，逻辑缜密，学生会很明确地感受到自己的收获，也愿意跟随课堂思路去认真学习。

2. 注重形象

相信看过很多吐槽贴的老师，已经开始重视起上课的仪容仪表问题了，前面硬件工具里为大家推荐的补光灯，就是起到一个面部打光修饰作用。硬件已经配齐，"软件"方面，老师个人的衣着和精神面貌都要注意一下，保持正式上课的着装和状态，切忌不洗漱和穿睡衣出镜。

3. 注重视频背景

教师在进行网络授课时，还要特别注意的是视频背景的整洁度问题。如果居家环境实在达不到要求，可以在身后立一块白板做背景，有条件的可以定制一块主播用的背景板，建议定制图案中加上机构或者学校的 logo，进行品牌输出。在上课期间，要保持上课环境的安静，可以将门反锁，以免扰乱课堂节奏和气氛。

4. 切记慌乱，把控节奏

在课堂出错，是我们很多老师都会出现的情况，这个时候一定不要慌乱。有一些老师面对学生讲课很自然，但当他面对镜头上课，可能就会觉得无法掌控全场。

举个网络授课中最常见的错误例子，有的老师开始上课后，就一直在询问学生能不能听到？有没有听清？听到 / 听清的请打 1，这个时候只要有学生在公屏打字回复"老师，我听不见"，老师就会因为不知道怎么去处理，而影响整个课堂的节奏。所以，在授课期间，一定要注意把握课堂节奏，不要被学生的小问题打乱。如果在上课中，有学生反馈"老师，我听不见"，那么你就让学生退出一下，重新进入教室基本就能解决。

5. 课程内容不能等待

这里聊的不是具体的讲解内容，而是内容方向。除了一对一直播，无论大班课还是小班课，大多集中在提前学和复习课两个方向，这也是对校内教学的补充。能一节课搞定的，绝不用两节课，如果实在划分不了，就将课程做成系列课。

还有就是在直播教学期间，会有很多同学提问，这个时候没有经验的老师肯定会想停下来为学生一一解答，这是错误的想法。如果一旦打断讲课的节奏进行解答，那这堂课会拖许久才会回到正题。那么正确的方式是什么呢？就是在上课的时候，先提前告知学生集中提问答疑的节点，让学生将疑问点简单记下来，在答疑节点统一进行提问和答疑。

6. 面对学生雨露均沾

虽然作为老师想让学生尽可能上麦交流，但每次直播课时间有限，上麦的可能只是几位学生，公屏回答的也可能只是一些学生，如果剩下的学生一直不互动，没有得到老师的关注，他就会慢慢变成看客，最后形成逃学心理了。

建议老师多找些小方法，引导学生互动。如果讲课过程中缺乏互动，学生就会因为无法感知到课堂氛围，失去听课的耐心和动力。比如，可以让大家刷一下花、打一下 666，带动气氛，形成全员互动。还可以在直播过程中间：×××，你怎么看，赞同打 1，不赞同打 2。或者是：有没有其他想法（邀请学生上麦）。但也要掌握好互动的频次，否则你在这一堂课有限的时间内，无法把要讲的内容讲完。

7. 做好 PPT

做好 PPT 这点一定要重视，习惯线下授课的老师很少会做 PPT 进行课程辅助，这个思想一定要转变过来。在线上做网络直播课，如果没有 PPT 进行课程辅助，那么你的授课效果会大打折扣。因为在直播授课中，你是没有办法完全将板书和资料都同时传达给课堂中的每一名学生，上传的内容一旦出错，很容易影响到老师的课堂节奏和学生的听课情绪。

8. 王牌绝招：写讲稿

王牌绝招就是在课前写好讲稿。讲稿写完后，诵读几遍，上课的时候可以自由发挥，如果老师面对镜头很紧张，也可以对照着讲。上课前书写的讲稿，对老师自己是一个梳理教学方式和形成教学风格的重要过程。

9. 直播课同时录屏

老师在上直播课的同时，可以使用录屏软件，将直播课堂全程录制下来，学生可以在课后回看，进行课程的复习和总结；老师可以将视频作为课程积累，用作后续的教研分享，也可以分析直播课中自身的不足和需改进的地方，用以不断提升自己的直播能力。

—————————————— 直播课的 4 个技巧

▶ **说：说故事、说经历、说引导、说谢谢**

1. 说故事。故事里面有冲突、有传奇、有反转，老师们在课堂里面应该多说故事少讲道理。

2. 说自己的亲身经历。自己的亲身经历是最好的故事。例如，作为教师的辉煌时刻和失意时刻，亲朋好友的故事，看过的一本书、一部电影以及某一件正在发生的事，都可以作为融入自己故事里面的资料。这样的故事更有人情味，更容易流露出真情实感，也能够更好地去建立和学生之间的信任，引起学生的共鸣，进而去影响学生。

3. 说引导。在直播的过程中，可以多说一些有引导功能的话语。比如，同学们听懂的请回复 1，对内容有不同意见的回复 2。其他时间可以设计一些碰触学生内心的问题。比如，同学们在家里这么多天，也不能跟其他同学一起玩，是不是觉得特别无聊？这种问题并不需要回答，但是学生听了会有一种代入感，使他集中注意力，更愿意听后面课程的内容。

4. 说谢谢。在学生和你互动之后，一定要一视同仁地向学生表达尊重和感谢，逐一念出他们的名字，鼓励他们，让学生能够感受到你的诚意和热情。

▶ **学：学表情、学动作、学声音**

1. 学表情。一个著名的公式：人和人之间交流的总效果是 7% 的语言 +38% 的音

调 +55% 的面部表情。对于线上直播课程的互动效果，面部表情起着非常重要的作用。孩子隔着一个屏幕看到你，这是一个很小的画面，需要老师的表情更加夸张才能被学生看到。

2. 学动作。在心理学上如果喜欢一个人，会情不自禁地去模仿他的行为。那当学生喜欢你，他也会去模仿你的动作。所以在直播中故意去模仿鸭子走路、猫咪洗脸等有趣的动作，学生也会很容易跟你一起来重复这些动作。

3. 学声音。如果一位老师会口技这样的绝招，那这个线上直播的课程一定会吸粉无数。但是如果不会也不要紧，我推荐你阅读一个小故事。这个小故事，你一旦把它练会了，效果也非常棒。这是马伯庸老师以前给他儿子讲的一篇童话《马小烦和屁屁车》，用马老师自己的话来说，这个童话格调不高，剧情莫名其妙，拟生词比正经的对话还要多。但是让他惊讶的是这个童话却受到他儿子的狂热喜欢，孩子一边听一边哈哈大笑，整个人兴奋得不得了。

▶ **唱：学生点歌你来唱**

唱适用于直播课程开始之前、课间互动、师生闲聊的时候。学生可以通过文字互动，老师可以通过视频和语音回答。老师提前进入直播状态，跟学生闲聊，聊学习、生活、个人爱好等，这样可以帮助学生迅速熟悉老师。

除此之外就是唱歌，如果你能让学生点歌你来唱，绝对可以掀起课前的第一个小高潮，迅速地抓住学生们的兴奋点。

▶ **逗：抽奖、你问我答、讲段子**

1. 抽奖。在直播课程的过程中进行抽奖，一定能提升学生的活跃度，但奖品必须有吸引力。抽奖的重点技巧是课程开始前要预告说明在课间会抽一次，下课前再抽一次。可以通过互动时截屏去抽取一个幸运儿。

2. 你问我答。允许学生通过文字提问，提问的内容可以限定在本节课的内容当中，也可以结合当下的现状（比如疫情知识解答）或其他开放问题，只要有所准备，就能更好地满足孩子的好奇心。

3. 讲段子。作为一名教师，具有幽默感会很容易引起学生的好感，从而能够在线上直播课程当中与学生良性互动。刷微博或者微信的时候，把搞笑的段子抄下来，在直播时照着读都可以，若是把平时积累的段子完全背下来就更好了。

虽然教学形式改变了，但万变不离其宗，直播课首先是教育，其次是直播。真正受尊重的教师，能够通过直播课打造时间上的性价比，提供深入交互的环境，激发学生的学习欲望，回归教育的本质。

他们是疫情时期
最红的主播

2020 年初，突如其来的疫情让我们进行了一场全世界规模最大的互联网教育。

为了和同学们在互联网上的"云相聚"，老师们真是操碎了心，使出浑身解数当起了"主播"。让我们一起回顾一下这些可爱的"网红老师"吧！

1. 哪里有信号哪里就是课堂

2020 年春节，西安教师王媛到湖北探亲，因疫情无法返回西安。于是，她把"教室"搬到了村里的一个荒坡上，储物箱成了她的"讲桌"。

无独有偶，杭州教师廖小兰，回到江西老家后无法返杭，在线复课后就开始满山寻找 4G 信号，用竹竿自架天线加强信号。

2. 手语也能上网课

吴耀宇是扬州特殊教育学校的数学老师，同样是聋哑人的他克服重重困难，用手语精心录制解题视频，并通过视频连线追踪学生学习情况。

3. 武大老师开露天网课

武汉大学的张荣华老师，为了缓解同学们的思归情绪，决定在校园里露天上课。他一边讲课，一边走过校园的各处著名建筑，镜头收录了学校的一草一木。

4. 清华 95 岁教授在线开讲量子物理

张礼教授是清华园里教龄最长的教师之一。2020 年是他从教第 71 年。疫情期间，张礼教授开设了"量子力学前言选题"在线课程。这是他从教生涯中第一次开网课，也是在 95 岁高龄挑战自我"再出发"。

5. 武汉女教师网课间歇结婚

武汉的肖珊老师，在湖北老家办出阁宴。为了不影响教学进度，她决定先把安排好的课上完。课堂接近尾声时，学生们听到鞭炮声，才知道老师"正在结婚"。

6. 大葱当教鞭：高三老师花式直播

和其他年级相比，2020 年高三的师生，承受了更大的压力。为了更及时、有效地授课，高三老师们也各显神通。有人找了大葱当教鞭；有人用衣架当手机支架，直播解题全过程；更有老师干脆在自家安装了黑板。

7. 最美"两栖"教师王菲

王菲在疫情期间一直有两个"课堂"。一个课堂在桓台县荆家镇中学，在这里，她是语文与音乐老师。另一个课堂则在网上，学生来自四川、云南、甘肃等贫困乡村。她从未与这些孩子们在现实中碰面，彼此唯一的连接，是一台电脑和一根网线。2015 年，当她得知全国很多大山里的孩子从未上过音乐课时，她主动利用中午休息时间在网络上给他们开设音乐课，成为了一名公益网师，来自四川、云南、河南等地的孩子们成为了她的学生。2018 年，她带着团队的老师积极参与到国家精准扶贫项目中，成为了一名网络援疆公益讲师，通过网络给新疆的孩子们上国语课程。

这几年，王菲共直播公益网课 500 多课时，最多有 600 多个孩子同时观看，为 6 万余名乡村教师进行"互联网 +"培训，课堂辐射全国 30 余万名中小学生。王菲用心用情诠释了一名乡村教师的初心使命与责任担当。

疫情三年，注定是不平凡的，也正是因为这些无私的老师，同学们的学习才没有间断，网课学习也必将成为一段特别又闪光的回忆。

 小贴士 —————————— 网络主播要具备 5 观

当下，网络主播是最火的行业之一，创造了很多神话，现在不少年轻人的职业选择就是做一名网络主播。主播和明星一样依赖"粉丝经济"，甚至已经有不少主播的收入已经超过明星。目前，网络主播的形式也在变化，现在的主播想要受到关注，就需要将多种形式相结合，尤其是将短视频与直播相结合。

网络主播要具备以下 5 观：

1."牢骚太盛防肠断，风物长宜放眼量"的职业观。

2."勿以善小而不为，勿以恶小而为之"的流量观。

3."采得百花成蜜后，为谁辛苦为谁甜"的粉丝观。

4."千淘万漉虽辛苦，吹尽狂沙始到金"的产品观。

5."欲穷千里目，更上一层楼"的成就观。

时代需要什么样的网红教师

从前些年的复旦网红老师陈果、考研名嘴张雪峰到韩晓和邓弋威，如今大量个性教师频频露面于各式互联网平台上，"网红教师"这个群体，显得越来越多元化。

那么，这些网红教师是怎样炼成的？时代又需要怎样的网红教师？又如何看待网红身份和教育的结合？

1. 光会"皮"是靠不住的，得有真才实学加持才行

在嵊州市黄泽镇黄泽中学开办的一场教师读书会上，一位稍年长的化学老师在会上笑着说，不知道自己什么时候可以和他们学校的语文老师韩晓一样，既能生活得快乐，又能教书教得更快乐。

对于这个老拍短视频、总和学生打打闹闹又看上去有些"不务正业"的韩老师，"网红加持"的她并没有影响教学质量和社交生活——有趣和认同，是几乎所有师生甚至家长对这名80后教师的一致印象。

另一边，浙江工商大学金融学院青年教师邓弋威也在网络上玩得热火朝天，完全没有一丁点人们印象里大学教授那一本正经甚至略显刻板的模样——而且"皮"的外表下，更有着干货加持。

邓弋威擅长用实际案例来分析理论，"其实我一直坚持认为，书本上有的，网上随便能找到的，自己很轻松能看懂的，不用我去教。我比较重视两点：第一点是这些知识在市场中是怎么体现的……"邓弋威举例说，"比如书

上常讲的产品、公式，在中国市场究竟适合不适合？如果不适合是为什么？这样学生们就会觉得学得有意思、有用，而不是为了期末考试死记硬背。"

2. 大多数师生表示认同，要将互联网手段和学术结合起来

其实，像韩晓和邓弋威这样的"网红老师"在这几年里越来越多，人们看待这个群体的眼光和态度，也在随着网络时代化特色的渗透而转变。

"我觉得老师的微信公众号与 B 站视频非常棒。"听过邓弋威上课的学生吴春波说，"有时在课堂上会有一些困惑的地方，有了这么一个有趣的渠道，就可以在课后进一步学习"。

很多学生觉得，在网络上看到老师分享的一些趣事，会比较容易拉近师生间的关系，很多学生以前从不会主动去和老师聊天，到现在可以跟老师畅聊自己的一些想法，认为教师在网上发布教学相关内容"对我们来说非常有帮助"。

韩晓班级里的学生们也有着类似的看法。互联网调整了这种原本会显得刻板固态的师生关系，师生间会更多地产生各种共鸣，这也成为两者情感交流的基础。黄泽中学的一位副校长在接受采访时就曾表示，他们鼓励像韩晓这样实施个性化教学的老师，同时也更期待学校能够随着时代发展而变得更多元化。

浙江省教育评估院院长施建祥认为，时下的"青椒们"（大学青年老师的昵称）"生在电脑里，长在网络里"。相比老一辈老师，他们网络技术玩得很熟练，上课风格也更活泼，有亲和力。但是信息技术毕竟只是手段，好的老师还是要把学术思想传达给学生。不仅要有趣，更要有内容。"我个人认为互联网手段和学术两者结合得很好的老师，目前是很稀有的。"施建祥肯定了邓弋威是学术内容和互联网技术结合到位的典型，"他讲的是金融期货的内容，学术性强，有难度，但是邓老师能用通俗的语言把这些内容表达好"。

"教学方法的掌握和手段的运用，是一门科学，同时也是一门艺术。"施建祥说："一个教师，完成教学任务，把知识讲出去，从教学的角度，只完

成了任务的一半。教学效果和教学质量，取决于学生的接收和掌握程度。教师要把握好学术与通俗、严谨与趣味、讲课与演讲的关系，学术不等于深奥，趣味不等于随便，要用通俗的语言，把学术道理讲清楚，让学生能够通过通俗的语言听明白一些深奥的道理，这是非常重要的。"

3. 老一辈学者持保留态度，"两手都硬"才能消除顾虑

虽然受到了不少师生、家长的欢迎、认可，但在教育这个相对特殊的领域，一些老一辈学者其实对"网红老师"群体的发展，还是持有保留态度的。

复旦大学哲学教授张汝伦表示："对学者来说，最重要的是做出有分量、有水平的研究。但如今不少青年老师忙着在各种公众媒体或互联网平台上露脸，其根本原因是，他们希望找到一条获得外界认可的捷径。"

在这位 50 后教授看来，通过社交平台传播学术的内容质量也堪忧，"学者通过媒体平台传播知识、从事科普宣传，那肯定是好事。但现在的问题是，有些老师不是在传播知识，而是在简化知识"。

张汝伦的观点并非没有依据。事实上，由于监管体系、平台形式和市场发展依旧存在现实难题，很多"网红老师"的传播内容和方式方法有待商榷。

此外，个性化定制学习服务激发了市场活力，但同时，一些机构培养的"网红老师"有着很强的赢利属性，会对如今触网较早的青少年带来深刻影响，因此"网红老师"群体只有在法律和职业道德的框架下健康发展，才能减少舆论的担忧。

所以，在绝大多数教育专家眼中，互联网社交媒体的运用和严谨的学术研究，在当下的时代应当"两手都硬"。

21 世纪教育研究院副院长熊丙奇认为，自媒体时代是崇尚多元化表达的，老师用业余时间在社交媒体上分享教学经验是没问题的，应当鼓励老师平时多学习，把思想分享出去，这是老师们的自由和权利，"但是不能利用老师身份去线上培训机构任职，这是违反国家相关规定的。同时网络自媒体

的运行也不能影响到教师的本职工作。'网红'本身是个虚的概念，没有精确的定义，粉丝多就可以成为'网红'，这个身份是可以和教育者的身份统一的"。

 小贴士 ——— 这 10 年，中国全网最火的 10 位网红老师

在全民皆娱的这十年，许多老师在教书育人之际，用他们的才华征服了许多网友，在网络上蹿红。本文盘点了一批网上最火的老师，其中包括陈果、张雪峰、李永乐、孔玮、杨幼萍、张志等，下面一起来认识下这些有名的网红老师！

▶ **陈果**

陈果是复旦大学哲学系博士，2008 年 6 月至今在复旦大学社会科学基础部工作，现为"思想道德修养与法律基础课"任课教师。2010 年 7 月，陈果讲课的视频被复旦大学学生传上网络后，便迅速蹿红，后荣获"2017 年上海市最美思政课教师""2017 年全国最美思政课教师""中国十大网红教师"称号。代表作品《好的孤独》《好的爱情》等。

▶ **张雪峰**

张雪峰毕业于郑州大学，研途考研老师。在 2016 年 6 月凭借《七分钟解读 34 所 985 高校》走红网络，2016 年 11 月参加网络综艺《火星情报局》，受到网友追捧。他曾说："一场讲座来了 100 人，可能有 70 个人考研，30 个人不考研，我要做的就是不仅留下准备考研的学生，还要让那 30 个不考研的，也觉得有趣，愿意在这儿听。"

▶ **李永乐**

李永乐是北京大学物理学与经济学双学士、清华大学电子工程系硕士研究生，现为高中数学及物理老师。他在西瓜视频上面制作的一系列科普短视频火遍全网，受到《央视新闻》《人民日报》等媒体的纷纷转发点赞。他凭借伶俐的口才与浅显易学的科学语言，在西瓜视频上收获了上百万粉丝，他的科普视频也被观看了几千万次。

▶ **孔玮**

中南大学外语学院英语老师。这位现今极有名的网红老师上课从不点名，却无人缺席，旁听生也站满教室，被学生们称为中南大学最受欢迎的英语老师。她觉得自己受欢迎主要是因为创新了一套学习方法。比如，将英语单词中的词根词缀比作汉语的偏旁部首，用"构字法"将英语单词的音、形、义诠释给学生们，让学生对相关单词由形及义，印象深刻。

▶ **杨幼萍**

武汉市第六中学语文高级教师、班主任。她曾在高三誓师大会上演讲了一篇《生命很贵，请别浪费》，被《长江日报》《人民日报》《新华网》等媒体大量转载而意外走红，被网友们称为"网红教师""最燃教师""最美教师"。又因为他带出了一个武汉市理科状元，而且该学生134分的语文成绩是全省状元中分数最高的，因此又被戏称为"状元老师"。

▶ **张志**

武汉科技大学硕士，现任武汉工程大学副教授。他曾以"秋叶"的网名教大学生做PPT，吸引了数百万的粉丝。他如今已与多个平台签约为内容作者，如微博、微信、网盘、知乎、豆瓣、网易云课堂等，粉丝规模越来越大。现著有《技术演示策略》《名博是怎样炼成的》《超越对手：软件项目经理的18种实用技能》等。

▶ **孔露皎**

云南司法警官职业学院女教师，因2016年10月30日的一组霸气举枪上课的照片而走红网络。在照片中，她正在教授枪械和射击课的理论知识，手里拿着95式步枪。据该校介绍，孔露皎在2006年从北京体育大学体育教育专业毕业后，便回到家乡的云南司法警官职业学院工作，曾先后在学生处、党训部、培训处以及警官培训处任职。

▶ **杨世显**

北京大学研究生，他从2016年6月起，以"数学老师不上课难受"的网名，通过网络直播的方式讲数学，并做了全面的课程规划，涉及大学高数、考研数学等。网友们吃惊之余，纷纷评论他是"直播界的一股清流"。在杨老师的直播回放和微博下，不少网友纷纷留言称赞他的授课方式，一些网友还表示"相见恨晚""再也不玩英雄联盟了"。

▶ **朱伟**

韦林文化创始人，二八音乐出品人，考研英语大纲解析人。这位有名的网红老师虽不是英语专业毕业，但英文能力极强，讲课风格幽默，段子层出不穷，他还笑称自己是"中戏遗珠"，也被学生称为"一位神奇的老师"。同时，他也是《恋练有词》的作者，上海沃德大师赛华东地区推广赛翻译。

▶ **周思成**

曾任湖南长沙新东方英语学校教师，主管长沙新东方的考试部，兼负责招聘新进教师，江湖人称"思思老师"，三次获得新东方人气教师评选总冠军。其风趣幽默与严格要求并重的讲课风格，造就了高满意率和高通过率的课堂。他在 2008 年的《快乐大本营》首秀后，便连续 5 次担任名师嘉宾，多次登上电视节目舞台，是一个名副其实的"网红老师"。

第五章

做魅力教师：

优秀教师的品学资本

怎样成为
一个魅力教师

　　三尺讲台，十分学问。教师要得到学生的信任、喜爱和尊重，要有对学生的吸引力、凝聚力、亲和力，必须有学识魅力。这样的教师通常具有较高的获取知识的能力、较高的教学能力、较高的教育能力和较高的科研能力，能做到教学方式轻松、教学氛围愉快。

一位在大学教"教师的品位"课程的教授曾这样解释"怎样做一个有魅力、有品位的教师"：在步入中年之时还保持着极其年轻的教育生命。

一个有魅力、有品位的教师，一定是一个具有理性精神、善解人意、具有良好生活习惯和修养、在生活细节各方面都表现出良好教养的人，是一个气质优雅、兴趣高雅、心胸豁达、幽默风趣的人。

一个有魅力、有品位的教师，会使其教育教学洋溢着风采，充满着生机。那么，教师的魅力和品位从哪里来的呢？

1. 气质优雅

气质不是与生俱来的，而是后天培养出来的。研究表明，风度仪表是一个人气质性格、文化素养、审美观念的综合外部表现，是人的心灵的表露。

教师优雅的风度、高雅的气质、风趣的语言、整洁的衣着、端庄的外表、和谐的动作表情、工整干净的板书、活泼开朗的性格以及谦逊宽容的态度，对学生的心灵有很大的影响，通常，教师的教态优美，培养出来的学生也会温文尔雅、彬彬有礼。

2. 兴趣高雅

人与人最大的不同，在于工作 8 小时以外的时间你在做什么。读书应成为教师的第一大兴趣，腹有诗书气自华，只有多看书、多思考，才能让人聪慧，才能让人有修养，才能让人有品位。

3. 心胸豁达

心胸开朗、豁然大度，尊重人、理解人的教师最能获得学生的爱戴、社会的尊重。这样真挚又博爱、慈善又宽容的教师一定是有品位的教师。

其实，现实中很多的学生都曾把老师当作自己最亲的亲人，哪怕学生只在老师身上感受到一点点关怀和呵护，学生就会信任和感怀这位教师。一个教师，如果能以爱的情怀去教育学生，能以海的博大去宽容学生，这本身就是一种巨大的教育力量。

4. 幽默风趣

英国学者鲍门（Baomer）在《幽默教学：一门表演的艺术》中指出："理想的教师应当达到艺术化的教学水平，善于利用幽默来激发学生兴趣，使学生学得更好。"著名学者海特（Hite）也曾说过：幽默是一个好教师最优秀的品质之一。

现实中我们会惊奇地发现，一个幽默的教师往往能成就一批幽默的学生。如果教师在课堂上多一些幽默的语言而非一味地说服教育，会收到意想不到的效果。教师的幽默，可以激发学生的学习兴趣和求知欲；可以开启学生的心智，活跃思维；可以活跃课堂气氛，调节情绪，愉悦精神；可以和谐师生关系，增强教师魅力……教师的幽默犹如一根神奇的魔棒，在教育教学中点化顽童的智慧，洞开知识的大门。

当代教育学者林崇德对优秀教师应具备的人格个性特征的界定是：（1）热

忧关怀；（2）真诚坦率；（3）胸怀宽阔；（4）作风民主；（5）客观公正；（6）自信自强；（7）耐心自制；（8）坚韧果断；（9）热爱教育事业。教师如果具备以上人格个性特征，必然会成为一个有品位的教师。

1. 对"中国的有些教师让学生的问题越来越少，美国的有些教师让学生的问题越来越多"这一现象，你有何看法？

2. 有人说"教师，演员也，舞台在课堂，演绎的是人生"，你对此说法是否赞同？

3. 你认为教师的职业素养与魅力之间的关系大吗？

4. 作为一名教师，你有幸福感吗？你的幸福指数有多高？你的幸福感从哪来的？

5. 你认为教师应该关注学生的心理健康吗？

6. 有人说"现在的教师是越来越难当了，越来越有挑战性了"，你对这种说法怎么看？

7. 有人说"教师不应该是一个教书匠，也不该是一个知识搬运工"，你同意这种观点吗？你认为教师应该是什么？

8. 作为教师，当有个性的学生当众顶撞了你，你会怎么办？

9. 你认为教师应该怎样帮助孩子战胜挫折？

10. 你的学生早恋了，这时你会怎么做？

11. 你认为教师应该具备什么样的心理素质？

12. 有人说"没有教不好的学生，只有教不好的老师"，对这种观点你持什么态度？

13. 你认为青春期的学生应该怎么教？

14. 当学生在学习上产生畏难情绪半途而废时，作为教师你会怎么办？

15. 对今天反复强调的给学生"减负"的话题，作为教师你怎么看？

16. 你同意"老师的魅力来自人格"这一观点吗？

17. 新课程背景下，作为教师你如何看待自身的专业发展？

18. 对"教师的魅力来自学识"这一观点你持什么看法？

19. 对"教师的魅力来自爱心"这一观点你持什么看法？

20. 你调整学生行为习惯的方法近期是否有所改变？

腹有诗书气自华

——教师的魅力之源

一个优秀的教师，一定是文化底蕴深厚的教师；一个文化底蕴深厚的教师，一定是富有人文修养的教师。教师只有养成良好的阅读习惯，学会学习，终身学习，长于思考，专于提升，真正成为一个"腹有诗书气自华"的师者，才可能从教书匠成长为能师、经师乃至人师。

有年轻教师曾问一位优秀的老教师："教师应该具有怎样的修养？"

对方回答："腹有诗书气自华，教师要有除学历教育之外的文化底蕴，要有高看别人、低看自己的胸怀。"

然而，现实中，大多数教师由于工作量过大、心理压力过重、没有时间和心境阅读、阅读量太少，表现出语言贫乏、内涵肤浅、举止低俗。

当今信息时代，要求教师具备通识特质，不仅要有精深的学科专业知识、教育专业知识，还要有广博的人文知识，养成高尚的人文精神。

一个有着深厚文化底蕴的教师，在教学中时时能做到旁征博引，综合运用，使学生充分感受人文精神的熏陶，达到教书育人的最高境界。

"腹有诗书气自华"，教师应该从以下 4 个方面提升自己的文化底蕴：

1. 在阅读中提升品位

"教师，想说爱你不容易。"现实中有不少教师不能以平常心对待自己的职业，喜欢抱怨工作压力大、工资福利低。这种消极情绪会严重影响教师的职业行为，一些教师"人在曹营心在汉"，这样的教师不读书，不学习，心灵空虚，思想浅薄。

教师如果不读书，还能去"教书"吗？对教师而言，当读书成为生活，才具备当教师的资格。教师只有不断地读书，才能滋润学生求知若渴的心田；只有不断地读书，才能与学生进行心灵的沟通；只有不断地读书，才能促进学生的发展。博览群书，会让教师超越个人和校园的局限，提升自身品位。正如苏霍姆林斯基所说："每天不断地读书，跟书籍结下终生的友谊。潺潺小溪，每日不断注入思想大河。读书不是为了应付明天的课，而是出自内心的需要和对知识的渴求。"

2. 在学习中开阔视野

教师要在新课程背景下的教育实践中游刃有余，必须具有崭新的知识观，即终身学习的观念。

对于教师而言，其文化根底不仅要"渊"，而且要"深"、要"博"、要"广"，要成为杂家，兼收并蓄。只有这样，才能在面对学生时，得心应手，举一反三，旁征博引，左右逢源。

如果一个教师不仅长于广收博采，更长于"整合"，自成一家，形成自己对生命、对历史、对社会的独特理解、感悟、观点和信念，这样的教师，一定是一个善于学习的教师，一个视野开阔的教师。

3. 在行动中积累经验

行动研究是多年来国外所一直倡导的教师进行教学研究的一种方式，是指教师在教学过程中以研究者的心态置身于教学情境之中，以研究者的眼光审视和分析教学理论与教学实践中的各种问题，对自身的教学行为进行反思，对出现的问题进行探究，对积累的经验进行总结，使其形成规律性的认识。

教育的本质要求教师不但要系统学习专业知识和技能，而且要切实在具体的行动中体验和在思考中积累教育教学经验。

4. 在思考中提升思想高度

一个人思维的深度和广度，决定着他的思想高度。教师在阅读经典，与思想家、教育家对话的过程中，提高了文化素养和人文素养，并在此基础上培养了科学的精神，这是一个教师在成长过程中形成教育思想和智慧的前提。在阅读中学习，在学习中思考，在思考中提升，教师的教育才能适应时代发展的要求。

一个优秀的教师，一定是文化底蕴深厚的教师；一个文化底蕴深厚的教师，一定是富有人文修养的教师。教师只有养成良好的阅读习惯，学会学习，终身学习，于长思考，专于提升，真正成为一个"腹有诗书气自华"的师者，才可能从教书匠成长为能师、经师乃至人师。

小贴士 ——————— 教师应该这样读书

1. 学会与文本对话。与文本对话，是读书人的一种至高境界，这种对话是一种心灵与心灵的碰撞，是灵魂与灵魂的对接。

2. 学会读深、读透、读懂文本。古人说："书读百遍，其义自见。"这句话道出了教师读书的真谛。

3. 学会有方法地读文本。读书无定法，不同类型的书，不同的内容，可按一定的规律和方法去读，方能收到事半功倍的阅读效果。

4. 学会读思结合。"学而不思则罔，思而不学则殆。"阅读是与思考相随的。

5. 学会读写结合。北京师范大学肖川教授说："造就教师的书卷气的有效途径，除了读书，大概就是写作了。写作最能体现一个人的综合素质。"通常情况下，读书是吸收，写作是表达，读与思是写作的前提。

6. 学会坚持阅读。读书是一项苦中有乐的工程，重在坚持，没有极大的毅力支撑，很难坚持终身保持阅读习惯。

终身学习

——教师的魅力之本

在新课程背景下，课程的综合性增强、知识面拓展、课堂要求提高，无一不是对教师提出的挑战。教师能否保持魅力，最根本的在于自身知识储备能否适应这些变化，能否满足学生的要求。

唯有终身学习，教师方能适应不断变化的要求，方能胜任教学，方能不断刷新自己的魅力指数。

西方白领阶层流行这样一条"知识折旧律"："一年不学习，你所拥有的全部知识就会折旧 80%。"在知识爆炸的今天，学习，成为每个人永恒的话题。

新的教育理念认为："我们处于一个信息化的时代，一个需要终身学习的时代，一个需要每一个人都具有终身学习的愿望和能力的时代。"因此，唯有终身学习，教师方能适应不断变化的要求，方能胜任教学。

在新课程背景下，课程的综合性增强、知识面拓展、课堂要求提高，无一不是对教师提出的挑战。教师的知识储备能否适应这些变化，能否满足学生的要求，成为自身面临的第一道难题。

面对急剧发展变化的社会环境和教育对象，唯有终身学习，教师方能适应不断变化的要求，方能胜任教学。

教师终身学习的内容有很多方面，但主要应该加强对以下 4 个方面的学习：

1. 学习、研究教育科学理论知识

苏霍姆林斯基说过，教师不懂得教育学和心理学，就如同一个心脏专科医生不了解心脏构造一样。教育科学理论的研究和学习，是教师掌握教育教学规律的必要前提。教育学、心理学等教育学理论是教师的必读科目，教师通过学习教育科学理论，并通过与自身教学实践的结合，必然能为自己的教学实践注入新的活力，提高自身的教学技能。

在掌握教育科学、遵循教育规律的同时，当代教师要始终朝着教会学生学习的目标而实施教学，在此过程中，还要努力学习和研究教育科学理论知识，始终做到教学知识的实时更新。

2. 加强专业知识学习

教师工作的主要职责是：教育学生，提高教学质量，促进学生全面发展。教师职业的学习是以自己的专业发展需求、专业知识技能的提高为本，不断优化自己的专业思维理念，完善自己的知识结构，更好地胜任教学工作，创造性地解决各种教学实践过程中遇到的困难和问题，使自己成为更加优秀的专业教师。这种专业的目的性决定了教师为教而学，其学习是为了更好地教，是为了让学生能更好地学，也是为了更为科学有效地教学。

专业化背景下教师的学习是基于社会发展的客观现实的专业要求，更基于教师个人的主观选择和价值追求，教师要持续不断地发展自己，必须也必然进行持续性、终身性的学习。

3. 掌握相关学科的知识

作为一名教师，仅仅懂得本专业学科的知识是远达不到要求的，还应努力掌握与本学科专业知识相关的学科知识，如果不了解相关的学科知识，不仅无法做到课堂上的生动有趣，许多时候也无法讲清楚课堂上的相关知识点，对于学生有疑问的知识也无法解惑。比如，学生要了解哲学的一些原理性的知识，就需要具备一些化学、生物、物理和数学等学科的知识；要了解

一些历史知识，就要涉及各种自然科学以及人文地理知识；等等。

因此，新课程对我们教师提出了更高的要求，新课程不仅要求学生"学会学习"，同时也要求教师"学会学习"。对于一个教师而言，其专业成长离不开知识、文化的及时更新、学习、发展。

4. 加强现代信息技术的学习

我们正处于计算机、多媒体、互联网络、光纤通信技术组成的信息化、知识化的时代，知识更新的速度更是日新月异。如果教师落后于时代前进的步伐，不能及时了解社会上最新的一些科学知识，就不能满足学生对新知识、新信息的渴望和好奇，不能结合新的知识去回答学生的问题，那么，这样的教师不仅会抑制学生对于学科知识的兴趣和欲望，而且还会大大降低自己在学生心目中的地位。随着现代教育技术越来越多地进入到教学过程中，教师从传播知识的繁重任务中解脱出来，全心投入育人的活动。教师也从原来的处于中心地位的知识权威，转变为学生学习的指导者和合作伙伴，课程的设计者、开发者，社会文化的诠释者，教育的研究者，更多关注学生学习活动的设计和开发。

总的来说，教师的终身学习发展有 3 个主要含义："专业地位的提升""专业自主的建立"和"专业尊严的维持"。相应地，教师终身学习发展的内容就应包括以下内容：教师生涯规划，自我成长；能获得知识，充实自我；能实施研究，改进教学；能反省批评，自我监控。

 小贴士 ———————————— 教师终身学习的方式

当前，我国中小学教师的学习方式主要有读书、在职培训、课题研究活动、网络远程教育、观摩与考察学习等。

▶ **读书**

读书是教师学习最主要的方式，也是操作方便、简易实用、运用范围最广的一种学习手段。教师应该长期地、大量地阅读与自己的教学相关的教育专著、学术论文、调查报告、实验研究报告、检索性文献和参考性文献。这些书籍和资料对于教师的教育教学和科研工作具有极大的作用。

▸ **在职培训**

中小学教师的继续教育培训已成为教师教育的重要内容，也是加快教育信息化步伐的重要保证。

教师的在职培训有两种基本方式：一是外出进修学习或参加校外教育机构举办的继续教育培训，如通过聆听专家的学术讲座、参加学术交流研讨会，到高等学校进修学习等多种形式学习。二是参加校本培训。由学校启动并满足每位教师心理和学习层次需要的校本培训，对提高中小学教师的整体能力大有裨益，如通过专题受训、教学反思、行动研究、备课培训等多种形式学习。

总之，教师通过脱产进修、函授、自学考试或网络教育提高学历是适应职业的需要，也是自我发展的需要。所以，教师应该定期接受继续教育，要把每一个阶段的学习作为"加油站"，养成终身学习的习惯。

▸ **课题研究活动**

"教师成为研究者"已是教师专业化发展的同义语。教师在研究中不仅可广泛涉猎与课题研究相关的学术前沿知识，提高自己的问题意识和科研能力，而且可以把知识转化为解决问题的技能、技巧，从而不断提高自己的教学技能和技巧。因此，广大教师应通过多种路径积极参与到科研活动中去，充分利用这一有效的学习方式努力促成自己向专家型、学者型教师的方向转化。

▸ **网络远程教育**

因特网与多媒体的发展给网络远程教育和教师的终身学习手段的变革带来了新的生机。

对现代教师来说，传统的学校学习方式不适应他们，他们需要的是更方便、更灵活的学习方式，网络远程教育就提供了这样一个好机会。网络信息化时代的到来使得学习变得无疆域，教师足不出户就可以学到丰富多彩的知识。

随着我国教育信息化的迅速发展，"校校通"工程的实现，网络学习现已成为广大教师重要的学习方式。通过网络这一迅捷的学习工具，教师可随时随地调阅大量教育文献资料，接受远程教育，加入网络课程学习，互传教育信息。毋庸置疑，电脑及其网络给广大教育者带来了无穷无尽的学习乐趣，也大大提高了他们学习的效率。

► **观摩和考察学习**

效仿优秀教师，吸纳先进教育理念，运用先进的教学策略和教学技能，已成为教师学习的重要途径。

当前，很多学校都给教师们提供了观摩和外出考察学习的机会。作为教师，应利用教学观摩和教育考察的有利时机，倾心学习，寻求启发。

教师学习的方式有多种，每个人都应该选择适合自己的学习方式进行终身学习。

生命质量决定
人生品位

> 幸福是生命质量、职业生活质量的象征。
>
> 业界有这样一种说法："教师的职业生命在校园，生命质量的呈现在课堂，生命质量的评价在社会。"因此，教师只有使自己的优秀品质和良好的教育能力得以固化和物化，其生命价值才能得到体现，生命才会更加有意义。

幸福是生命质量、职业生活质量的象征。

教师只有主动、自觉地追求幸福，才可能找到职业生活的意义和价值，其生命质量才能提高，其教育活动才能真正具有人性的光芒。

随着经济、社会发展方式的转变，随着课程改革的推进，教师面临的教育情境的复杂性是前所未有的，这些都给教师的工作质量和心理素质等方面提出了更高的要求，也更多考量着教师的生存状态、生命质量。教师的生命质量，更是关乎着教师的人生品位。

教师的使命和责任要求教师直面现实，解决问题，生成自己的教育思考和信念，改进自己的教育实践，提高自己的专业自信心和创造力。

业界有这样一种说法："教师的职业生命在校园，生命质量的呈现在课堂，生命质量的评价在社会。"因此，教师只有使自己的优秀品质和良好的教育能力得以固化和物化，其生命价值才能得到体现，生命才会更加有意义。就像学生的自信来源于学业成绩的优秀一样，教师的职业幸福感很大程度上取决于教师的业务能力强。因此，教师的生命质量源自事业中的闪耀和升华——

教师要在课程实施等教学活动上，开展专业切磋、协调和合作，共同分享经验，互相学习，彼此支持，让生命在相互碰撞中更成熟、更坚强。

教师要在研究中成长，在教育教学活动去发现问题、研究问题、解决问题，促进其生命的自主发展。

教师要将个人特长与潜能相结合，使生命质量异彩纷呈。

肖川教授提出：对教师而言，要养成专业心态中的良好心态，就是"接受现实、悦纳自我、心存感激、追求卓越"，用积极的心态来看待世界。教师有了良好的心态，才能拥有提升生命质量的能力，才能拥有所追求的社会地位和自我形象，才能获得学生和家长及社会的认可，才能拥有有品位的人生。

 小贴士 ——————————————— 什么能使得生活变得圆满？

这里有一个奇特、有趣的组合，如果将"A、B、C、D、E、F、G、H、I、J、K、L、M、N、O、P、Q、R、S、T、U、V、W、X、Y、Z"这26个字母分别等于"1、2、3、4、5、6、7、8、9、10、11、12、13、14、15、16、17、18、19、20、21、22、23、24、25、26"，那么，我们会在组合的过程中惊奇地发现，使生活变得圆满的答案原来是——

是它吗？

Hard work（努力工作）。

H+A+R+D+W+O+R+K=8+1+18+4+23+15+18+11=98

是它吗？

Knowledge（知识）。

K+N+O+W+L+E+D+G+E=11+14+15+23+12+5+4+7+5=96

是它吗？

Love（爱情）。

L+O+V+E=12+15+22+5=54

是它吗？

Luck（好运）。

L+U+C+K=12+21+3+11=47

经过如此组合，我们会有些沮丧地发现，这些我们通常认为十分重要的东西，得出的答案却显得不是最重要的。

那么，究竟什么能使得生活变得圆满？

是它吗？

Money（金钱）。

M+O+N+E+Y=13+15+14+5+25=72

是它吗？

Leadership（领导能力）。

L+E+A+D+E+R+S+H+I+P=12+5+1+4+5+18+19+9+16=89

好像仍然不是，那么，究竟什么能使生活变成 100 分的圆满呢？

原来是它——

ATTITUDE（心态）。

A+T+T+I+T+U+D+E=1+20+20+9+20+21+4+5=100

这个神奇的组合让我们得出这样一个答案：我们每个人对待工作、生活的态度，能够使我们的生活达到 100 分的圆满！

每个人的幸福度不一样，每个人的幸福感不一样，但是，每个人对生活、对生命的态度，决定着每个人的幸福人生，教师也不例外。

靳忠良的"英雄教师"情怀

靳忠良是中国人民大学附属中学政治特级教师，国家级骨干教师，北京市学科带头人，全国高中、初中政治课新教材教师用书编写者，兼任中国青少年研究中心兼职研究员、中国未来教育协会青春期专业委员会副主任等职，主编主讲的综合创新课程"现代少年"2005年获全国中小学思想道德建设优秀成果特等奖，2006年获北京市校本教材一等奖。

"形式教育大课堂"第一人

2007年9月3日，全国亿万中小学生通过电视屏幕收看同一堂课——形势教育大课堂。主讲大课堂第一课的是中国人民大学附属中学政治特级教师靳忠良。

"我们祖国的发展，就像一列快速前行的时代列车。"靳老师的全国形势教育大课堂从火车提速引入。课上，靳老师与几位西藏学生交谈"回家的变化"，结束前请每位学生用自己的话描述中国的发展之路。在跨越时空的课堂上，学生自主学习的积极性在师生的互动中不断被激发，使课堂高潮迭起。

为了这45分钟，靳忠良作了大量准备。从开头语到过渡、衔接，从用什么样的风格到某个细节的语调，都进行了仔细推敲。

通过农村中小学远程教育平台、中国教育电视台、互联网等，在同一时间、在各自的教室，我国亿万中小学生在由中宣部、中央文明办、教育部、共青团中央开办的"形势教育大课堂"第一课上，感受了靳忠良老师精彩的课堂风采。

"你是'形式教育大课堂'第一人，历史选择了你。"事后，一位记者在深入采访靳忠良后感慨地说。

"是的，历史选择了我。在全国挑选了许多老师，但是最后敲定我是因为我充满激情。"在人大附中靳忠良的办公室，他目光坚定地投向窗外，平静地说。

听他的"现代少年"课，翻阅他的资料，与他进行近两小时的促膝交流，采访他身边的同事和学生……渐渐地，我从那道坚定的目光中读出了这位被人大附中学生称为"现代少年"之父的靳老师激情澎湃的"英雄教师"情怀。

"现代少年"之父

2008 年 3 月 11 日 14 点 50 分，听完靳忠良老师在初一（13）班执教的"现代少年"课后，与他一同走出教学楼。迎面走来几个学生，其中一个短发女孩远远地伸开双臂，"想念你，靳老师"。她浅笑一下，做了一个深深拥抱的动作。

这个女孩是初二（11）班的学生，同许多人大附中的学生一样，只在初一年级听过靳忠良的"现代少年"课，却从此成了靳老师的忠实"粉丝"。

从最初开设这门课到今天，不知是因为爱上这门北京乃至全国独一无二的课，还是因为爱上靳忠良的讲课风格，很多学生深深地爱上了他们的靳忠良老师。

这是一门什么样的课？靳忠良又是一位什么样的教师？答案随着我的采访日渐清晰，并呈现阳光的气息。

"阳光论坛现在开始。"3 月 11 日 13 点 50 分，上课铃声刚落，人大附中初一（13）班教室随着靳忠良老师的宣告而一下子变得热闹非凡。学生们围绕"注意道德细节，讲究个人卫生"这一主题所引发的冲突开始分成4个小组进行"华山论剑"。

"我好悔呀！……我哪会摊上你这么个娃！"当扮演家长的于泽来同学数落不干家务的"孩子"、念叨起电视剧《武林外传》中的台词时，引来满堂喝彩。

一堂课在学生们的小表演、辩论以及老师的引导中轻松度过。"没有作业但是我们记住了道德细节""在轻松愉快中学会做人"……课后，学生们七嘴八舌地说。

这种感受一直定格在学生的记忆中。"靳老师大胆探索开设了'现代少年'课。上他这门课不用做作业，不用背书，轻松愉快之中学到了终身受用的东西，这样的课怎能不让我珍存在心呢？"已毕业多年的陈欣奕同学提起人大附中就会想念靳忠良和他的"现代少年"课。

"我师范学校毕业后，一开始是教语文。但由于学校缺政治教师，组织上就动员我改行教政治。"说起这段历史，当年曾在多家报刊上发表过诗歌、散文、小说的文学青年靳忠良还有些小小的遗憾。

"当时的政治教材是成人化、呆板、没有图片、形式单一的32开小本教材。"看见我爱不释手地翻阅着封面上印着一群阳光少年笑脸的16开《现代少年》教材，靳老师介绍："从20世纪80年代末开始，在陆续出国访学中我发现，许多发达国家的青少年思想品德、社会、政治、伦理、公民等教材全是图文并茂的大开本。于是，我开始在政治课上做一系列改进，通过出示图片、组织学生表演等，让学生形象生动地学政治。"

"靳忠良的政治课使学生入迷！"一位叫李钊的学生家长听孩子谈起靳老师如何在上课时生动活泼地联系国际发展和学生实际后，在《半月谈》杂志上写了一篇介绍此事的文章，消息很快在北京传开。

而靳忠良改革政治课的热情逐渐升级。1996年，他的"现代少年"课程试验和系列研究成为北京市"九五"期间的重点课题，在人大附中首创立足有效地提高学生道德和心理健康素质的政治课校本教材《现代少年》。

2006 年 9 月，十年磨一剑的《现代少年》被评为北京市"校本教材一等奖"，成为中学系统的唯一获奖作品。而"现代少年"则在这期间成长为"阳光少年"，延伸出"现代青年"，成为人大附中和北京市校本课程中一道亮丽的风景。

中央教科所课程研究所主任戴汝潜研究员如此评价："'现代少年'和'现代青年'的研究'具有突出的时代性，在北京有推广意义'。"

在美国，他一口气指出 27 个问题

1990 年，靳忠良到美国最好的一所中学考察。第一天，学校安排一个秘书来陪靳忠良吃饭。吃饭的时候，秘书问："靳先生，您有什么问题吗？"

"当时，我说第 1 个问题'9 点 27 分，一个男生上课迟到但上课教师没发现'时，这位秘书站着。说到第 3 个问题'有个教师在办公室养狗，女生进去害怕'时，她让我坐下。说到第 10 个问题时，她开始拿纸记录。说到第 27 个问题时，她说：'靳老师您不要走，校长明天请您到意大利餐厅吃饭。'因为她从没见过不到 24 小时就敢给他们美国最好的学校提出 27 个问题的人。"说起这段经历，靳忠良挥着手说："美国人狂妄得跟空心萝卜似的，根本瞧不起中国人。"

"不过，中国教师虽然勤奋，知识、文采都能与世界上最优秀教师媲美，却缺乏人格魅力。"说到此，靳忠良有些激动："我们的教师必须要增加英雄教师的气概，要始终站在教育的制高点，不断更新自己的教育观念。"

这种气度和追求，使得靳忠良不仅赢得学生的喜爱，还深受国内外同行敬佩。

"近几年，日本代表团多次到人大附中访问，他们的态度也在不断变化：从一开始的不服气到从心里佩服，甚至连鞠十几个躬，他们认为人大附中超过了日本最好的学校。我想，这是因为我们学校教育观念领先，教育效果突出。"说到此，靳老师非常自豪。

2007 年 9 月，中国青年出版社推出了靳忠良的新书《国外名校新课程》。

"真正的教育应该具备的第一要素就是让学生自信，有开放的意识，其次能够理解别人的观点，关心社会。而这些东西正是中国当下教育中缺失的东西。我们通过对国外名校新课程进行比较与分析，可以更清晰、更清楚地认识国外新课程的新理念，同时也可以更清晰、更深刻地认识中国现行课程存在的陈旧问题。"他告诉我，这是他历时20多年考察14个国家上百所知名学校后推出这本书的初衷。

"可以说，中外在教育上展现的是全面的竞争，如果我们没有危机意识，我们输的就不仅仅是学生，而是教育的未来。"居安思危的靳忠良再次表现出他的"英雄教师"的激情。

一生优雅，永远微笑

笔挺的西装、雪白的衬衫、锃亮的皮鞋、面带笑容、满面春风……校园里、课堂上的靳忠良总是保持这样的形象，于是被学生们封了"校草"的雅号。

一次，他去教室监考，刚刚走到教室门外，班里就发出一片欢呼声。学生高兴喊着"靳老师监考，靳老师监考"。

这时候年级组长正好从旁边经过，他大声地说："安静！安静！靳老师监考，你们也不能闹呀！"

"我们根本就没想闹。"

"那你们喊什么？"

"我们就是觉得靳老师来了我们特高兴……"

后来，靳忠良悄悄问学生："我来监考你们也不能作弊，你们欢呼什么呀？"

学生说："您特别有精神，我们特喜欢听您说话……"

"您是我们评出来的校草！"

他惊奇地问学生："什么是校草？"

学生们乐着说："就是校花的意思呀！女的是校花，男的就是校草！"

"哦，原来是这么回事！"说起自己的"校草"来历，靳忠良看不出年龄的脸上溢满青春的笑靥。

在靳忠良家的写字台上方，悬挂着一幅他亲手书写的字画：一生优雅，永远微笑。"这是我的座右铭。"从课堂上下来的靳忠良西装革履、面带微笑地告诉我。

他告诉我一个故事：一个以前教过的学生在新浪网贴了一篇短文——"我上初中时，最爱上的居然是政治课。那是个年轻的男教师，每次上课都神采飞扬……""至今我都能清楚地记得，他朗诵完这最后一句，铃声就那么恰恰好叮铃铃地响起，当年我觉得这简直就不是一堂课啊，那是一场精彩演出。后来我再也没有在任何一节课堂上有过那种即荡气回肠又令人崇拜的感觉……""今天是教师节，我刚刚去搜索了一下他的名字，嘿嘿，说真的，20 年后，你们能记住几个老师的姓名呢？我发现当年的那个青年教师，现在加在他的名字前面的已经有了无数的定语：特级教师，国家级骨干教师，北京市学科带头人，教材编写者……啧啧，20 年后，当初的偶像教师当然只有更牛了。"

"看到这篇文章我很震惊。因为我没有想到过了 20 年，学生还会搜寻自己的老师。"故事讲到此，靳忠良停顿了一下，"学生已经把喜欢的老师当成一种形象，一种力量，一种长久的情怀。对于学生来说，教师就是榜样，就是偶像"。

因为时刻这样要求自己，靳忠良成了学生心目中"超级有想法的老师""靳老师帅得已经无法用语言来形容了"。

2007 年高考结束后，理科第一名的林茜送给靳忠良她写的书，封面上写着"靳忠良老师师恩难忘"。"当时我有一些惊讶，因为我教政治课，而林茜是理科学生，高三不学政治。但是她在书里写高三之前'靳老师不仅教知识还教我做人的道理'。"

"教师要树立成为优秀教师和卓越教育家的崇高目标，全面提升自己的人格魅力，站在世界教育的前沿，并不懈地努力。我们一定会成为教'终身受用'的知识、受学生欢迎的'校花''校草'和真正的'英雄式的'偶像教师。"采访结束时，靳忠良的最后一句话依然充满激情，令人荡气回肠。

靳忠良语录

- 无论教什么知识，都不要忘记要教给学生终身受用的东西。

- 在教师的字典里永远没有"不行"和"讨厌"，有的只是"努力"和"快乐"。

- 找不出学生优点的就不是好老师。

- 要想让学生有积极心态，老师必须是灿烂阳光的。

- 学生不缺乏学习资料，缺的是英雄气概和奋斗士气。

第六章

做研究型教师：

优秀教师的职业资本

认识你的
职业优势

近年来，随着"科教兴国"战略的推进，《中华人民共和国教师法》的出台，"教育为本"的思想观念日益深入人心，"崇尚知识、尊重人才"的良好社会风尚日渐形成，教师的社会地位和职业声望明显提高。

教师职业是一种极富挑战性的职业。

教师职业有哪些优势？哪些劣势？曾经，有人对教师职业进行了优劣势对比，总结出教师职业的 7 大优势和 7 大劣势：

教师职业的 7 大优势：

（1）不易下岗，工作圈子人际关系相对简单。

（2）每年有寒暑假，休息时间比其他职业多。

（3）桃李满天下，人脉资源广泛。

（4）性别因素影响不大，无性别歧视。

（5）国家加大对教育重视力度，占政策优势。

（6）知识分子群体，社会整体形象较好。

（7）收入渠道多，如编书等。

教师职业的 7 大劣势：

（1）职业单一固定，不易转行。

（2）工作时间长，早起晚睡。

（3）工作量大而琐碎，精力投入多，超负荷工作。

（4）工资平均水平不高。

（5）压力大，包括社会压力、经济压力以及竞争压力。

（6）对教师自身各方面素质要求高，需要不断加强。

（7）正处于教改转型期，教师自身各方面也需转变。

毋庸置疑，近年来，随着"科教兴国"战略的推进，《中华人民共和国教师法》的出台，"教育为本"的思想观念日益深入人心，"崇尚知识、尊重人才"的良好社会风尚日渐形成，教师的社会地位和职业声望明显提高。

新浪教育频道曾进行了一次教师职业状态的调查，调查发现，近年来，教师职业状态发生了很大变化。

一是尊师重教地位高。自古以来，中华民族就有尊师重教的优良传统。在今天这个"崇尚知识、尊重人才"的年代，教师被誉为"人类灵魂的工程师"，肩负着传授知识、开发智力、启迪心灵、铸造人格、播种文明的重任，其社会地位和职业声望明显提高。

二是教师队伍道德素质高。教师职业的对象是人的成长，关注的是学生体力和脑力的发展，是知识的获得、智慧的增长、品德的养成。"教书育人"是教师的历史使命，"捧着一颗心来，不带半根草去"是对教师无私奉献的高尚品格的写照。总体而言，教师队伍的思想道德素质处于社会领先水平，作为其中一员，一方面教师自身可以不断受到同行的启发与熏陶，在道德水准上不断得以提高；另一方面，与品德高尚的同事合作，往往能赢得良好的工作氛围。

三是职业内涵丰富，具有挑战性。教师职业是一种极富挑战性的职业，他们面对的教育对象是活生生的人，教育任务是多方面、多层次的，教师所处的教育情境也是复杂多变的，它需要每个教师灵活机智地、创造性地开展工作，在创造性劳动的过程中教师可以享受到挑战自我、战胜自我的无穷乐趣。教师的教育对象以青少年居多，在与充满朝气的青年人交往的过程中，教师可以永葆心灵的年轻，感受生命的充实和幸福，使人生永远焕发出迷人的光彩。

四是带薪休假待遇好。教师具有带薪休假待遇，一年两个多月的假期是教师加强业务进修、提高教育教学能力、从事科学研究、放松身心、陶冶情操的大好时机，相对于其他一些职业，教师工作显得宽松、自由，得天独厚。同时，根据《中华人民共和国教师法》规定，教师的平均工资水平应当不低于或者高于国家公务员的平均工资水平，中小学教师和职业学校教师还享受教龄津贴和其他津贴，对城市教师住房的建设、租赁、出售实行优先、优惠。

北京师范大学肖川教授曾在《教师的职业优势》一文中这样写道："在当今中国，教师作为一种职业，还不具有足够的吸引力，诸如待遇不高、工作繁琐、心理压力大、劳动时间长等，这都是不争的事实。但教师这个职业仍有它的优势，那就是在认真钻研教学的过程中不断提高自身素质，对其子女的成长十分有帮助。在和学生的相处之中，在对教育的探索之中了解和研究孩子，就有可能使作为教师的我们成为一个好的父亲或母亲。虽然还没有这方面的实证研究，但凭经验大体可以得出这样一个结论：在不同的职业群体中，教师子女成才率是颇高的。"

如此，教师职业为国家培养栋梁之材乃至为自己培养优秀子女，都是值得人尊敬和令人羡慕的。"教师成为令人羡慕的职业"这样的声音，正和今天的教师越走越近。

 小贴士 ——————————— 澳大利亚教师职业的优点

在澳大利亚，教师同样受到人们的尊敬和爱戴。澳大利亚教师职业的优点有：

1. 属于政府公务员，退休金高。澳大利亚的公务员每年享受工资 17% 的养老金，其他职业的养老金为工资的 9%。

2. 收入稳定，偏远地区有补助。教师在执教一定年限以后，均有获得稳幅加薪的机会。各州毕业生在收入水平上相当，没有明显突出和落后的地区，其中西澳水平略高，为 60000 澳元左右，在偏远地区还有财政补贴。

3. 起薪高。4 年学士学位的新毕业生薪水约为 49050 澳元，工作 3 年后为约 60000 澳元。2005 年 10 月，澳大利亚教师工会和新南威尔士州政府对 2006 年至 2008 年的教师工资水平达成协议，其中大学毕业的新教师第一年的起薪分别为：2006 年 1 月起 47621 澳元，2007 年起 49050 澳元，2008 年起 50522 澳元。

4. 工作时间短，工作轻松，上班时间为早上 9 点至下午 3 点。

5. 假期长：每年 4 个带薪假期，包括 2 个长假期和 2 个短假期。其中西澳的教师一年中只有 6 ～ 7 个月的工作时间，其余时间都为假期。

6. 机会多：美国、英国、加拿大等国家普遍缺乏中小学教师，尤其是理工科的中学老师。澳大利亚的中小学老师受到美国、英国、加拿大、日本等国家的热烈欢迎，并提供来回机票、住宿补贴、5 万美元以上的优厚薪资。

7. 教师也属于澳大利亚紧缺职业，移民政策宽松，办理周期短。超过 35 周岁，州政府可担保移民。

我们都要成为
研究型教师

苏联伟大的教育理论家和教育实践家苏霍姆林斯基说："如果你想让教师的劳动能够给教师带来乐趣，使天天上课不至于变成一种单调乏味的义务，那你就应当引导每一位教师走上从事研究这条幸福的道路上来。"

众多优秀教师的成长经历都证明了教育科研是教师成长与发展的必由之路，是教师在职业生涯中体验生命创造的意义和价值，创造自己的幸福人生的重要途径。

苏联伟大的教育理论家和教育实践家苏霍姆林斯基说："如果你想让教师的劳动能够给教师带来乐趣，使天天上课不至于变成一种单调乏味的义务，那你就应当引导每一位教师走上从事研究这条幸福的道路上来。"

一名教师仅有勤勉踏实的工作态度，把精力全身心地投入到日常教育教学事务中去，而不注意学习教育理论，不善于总结自己和他人的成功经验或失败教训。这样的教师，充其量也只能成为知识的机械传递者，成为一名庸庸碌碌的教书匠。

我们发现，在科研过程中，教师的整体专业素质会得到全面提升，以促进青年教师的专业成长和成熟。青年教师也将会在课题研究中反思自己的教育教学实践，在提高自己的教育科研能力同时促进了自己的专业成长和成熟，最终走上名师之路。

如果教师做到以下几点，就能成长为研究型教师。

1. 充满爱心

没有爱就没有教育，爱是教育的前提和基础。苏霍姆林斯基说："热爱孩子是教师生活中最主要的东西。"教师只有热爱自己的事业、关爱自己的学生，并以此作为自己生活的重要组成部分，作为自己主要的精神生活和精神世界，并将其作为一种自觉行动落实于日常教育教学活动当中，这样的教师才能体验到做教师的快乐与幸福，才能对教师职业充满探究的热情。

2. 乐于学习

学习是研究型教师成长的基础和内在驱动力。随着信息技术的发展和广泛应用，随着知识的快速更新和高速增长，教师掌握的知识日益显得单薄和有限。教师只有通过学习，不断拓宽自己的知识领域，优化知识结构，及时调整教学思想和教学手段，解决问题，化解矛盾，促进专业成长。

3. 丰富思想

拿破仑曾说："世界上只有两种强大的力量，即刀枪和思想。从长远来看，刀枪总是被思想战胜的。"

教育的一个重要目的就是，让学生通过学习，获取思想，再将其转变成一种能力。学生要获取思想，教师首先就应该是一个有思想的人。研究型教师正是具有自己的教育理念、教育思想，他们通常会从德性生命的高度，对教育、教学、课程、知识、师生关系、教育理论等有着独特的理解。

4. 勇于实践

教师的专业化发展是一个不断成长的过程，需要教师在不断实践中完善。教师要充分发挥主观能动性，强化自主实践活动，通过撰写教历，自我反思，记录自己认为对专业成长影响较大的关键事件等，为教学提供基本素材，在经验中学习，在行动中研究，在不断反思中真正成长起来。

5. 勤于反思

教学反思被认为是教师专业发展和自我成长的核心要素，它要求教师细致观察并发现问题，通过系统的、客观的、科学的分析和研究，对课堂教学进行新的实践，从而提高教育质量和自身理论水平。反思是一种能力，也是一种态度和习惯。很多优秀教师之所以做得好，就是通过对教育教学基本问题的不断反思，形成了对教育完整的看法和正确的认识，把握住了规律，实现自己的专业成长。

小贴士 —————————————— 教师应该有 10 问

怎样才能成为一名优秀的教师？怎样才能提升教师专业的自主性？亲爱的老师，如果在您的教育教学生涯中，每天都问自己以下 10 个问题，形成反思习惯，必然会为您解决教学问题、提升专业水平、优化自身素养提供保障。

一问：马上要上课了，我还有哪些方面没有准备好？

目的性和计划性是课堂教学的重要特点。教师在上课之前，要细致地分析学情，准确地拟定教学目标，并对学生多种可能的反应制定相应的预案。

二问：今天的课堂上，我的教学组织情况怎么样？

实际工作中，相当一部分教师的教学效果不好、教学质量不高，均是因为组织教学的意识不强、组织教学的能力欠佳造成的。所以，教师尤其要学会对自己的课堂教学进行自我评价与改进，每次上完课都应该反思，从而提高自己的课堂管理能力。

三问：课堂上，学生的主动参与性被我充分调动起来了吗？

新课程要求教师在课堂上应该是引发、引导、指导学生活动的主角。因此，教师在课堂教学中要充分激发学生的兴趣，培养学生克服困难的自信心和意志力，调动学生积极主动参与学习的情感因素。

四问：课堂上，我尊重、激发、引导学生了吗？

让学生愿意学习、自觉学习、会学习是课堂教学的核心目标。尊重学生的学习，就是尊重学生学习的实际、尊重学生学习的个体差异、尊重学生学习的不同方式。

五问：今天这节课上，学生在知识、能力、方法、情感等方面有什么收获？

对于课堂教学而言，能否让学生取得多方面的成绩和成就、获得多方面的发展和进步是最为重要的。所以，每次上完课，教师都应该在改变学生的学习能力、学习方法、学习态度、学习习惯、钻研精神、合作技能、创新意识等方面进行反思，以求让学生获得更大提高。

六问：今天我上课时有激情吗？

课堂是师生生命成长与延续的场所，应该充满着责任与希望。教师有激情才能带动学生有激情，充满激情的课堂才会充满生机，师生也会因此充满阳光。所以，教师每次上完课，都要对自己进行激情追问。

七问：我的教学设计今天落实得怎样？

教学设计是对教学过程以及教学中可能出现的问题和解决方法的一种事先预设，其中包括教学目的的确定，以及为了实现这些目的而对学生状况的分析、对教材的处理、对教学方法和手段的选择、对教学顺序和教学问题的安排等。反思教学设计的落实，有利于促进教师教学能力的提升。

八问：这节课的教学得失在哪里？

教学是一门遗憾的艺术，因此反思应成为教师的工作常规。

九问：我明天的工作和任务有哪些？

这应该是教师每天晚上的必修课：列出第二天的工作安排，提醒自己第二天逐一落实。

十问：今天我快乐吗？

快乐的教师，才会有快乐的心态，才会有乐观、积极的工作态度。因此，教师应该每天都保持良好的心态去工作、学习、生活。

学会研究

　　新的课程改革要求教师成为学生学习的组织者、引导者和合作者，成为一名研究者，成为一名研究型的教师。

　　现实生活中，这样的现象不在少数：一些教师上课很认真，教学效果也不错，但他们就是不喜欢写反思，不对自己的教育教学进行深入的研究、创新。他们通常认为：该做的做了，该说的说了，上完课就万事大吉了。

　　新课程的实施，对教师的工作、学习提出了更高的要求。在传统的教学当中，教师的角色是大纲、教材的解说者，知识的传授者、灌输者，应对各种考试的组织者，教师可以凭借自己已有的知识和经验较好地完成教学任务。但新的课程改革要求教师成为学生学习的组织者、引导者和合作者，成为一名研究者，成为一名研究型的教师。对于相当数量的教师来讲，完成这样的角色转变，从根本上改革自己多年来形成的教学方式是一件十分复杂、十分痛苦的事情。

　　其实，对于广大教师来说，课题就是在教育实践中要解决的问题。研究始于问题，这就需要教师有一双善于发现、善于质疑的眼睛。教学其实就是科学，其价值在于求真。教学的最高境界是教学研究，教师只有不断地在教学中提高自己的研究能力，才能适应社会的变化，实现自我的可持续发展。总结近年来教师研究的特点，对于教师如何做研究，可归纳为以下几点：

1. 教师应该从最近发展区寻找生长点

分析自身的研究现状和研究能力，明确自己的专业知识及对教材体系的把握……这是教师开展教育教学研究的方向，这种从自己的已知教学区域向未知教学区域拓展、从自身的最近发展区寻找研究课题的生长点，是教师开展研究的最佳发展方向。

2. 教师应该从现实问题中找到突破点

很多年轻教师抱怨，找不到研究的方向，也有一些老教师不满，认为自己的教学效果已经很好了，还有什么必要做研究。他们面对新课程的要求感到茫然。

教师的研究课题应该从哪儿来？最简单的方法就是从现实问题中找到突破点。教师在教学生活中在对教材的理解、教学方法的选择、认识学生的方法、教学质量的评价、教学效果的预测、教学手段的取舍等方面会产生一些困惑，这些困惑、困难、问题就是需要我们去研究解决的课题。

3. 教师应该从教学发展中抓住着力点

纵观我国历次课程改革的进程，每次变革都会引发课堂教学方法的巨大变革。这次新课程改革在教学理念上提出了许多新的见解，诸如在教师定位上产生了变化：教师是教学的组织者、引导者；在教学方法上发生了变化：提倡合作性学习、研究性学习等；在教师发展方向上也发生了变化：要求教师发展成研究型教师、学者型教师……

因此，作为当代教师，应该敏锐、充分、深刻地理解由于教育理念更新引起教学理念变革的本质，并从本质上反思自己的教育教学现状，并付诸行动。在这个反思过程，教师自然会发现有许多新的内容需要自己去研究解决，而作为一名教师，应该从教学中抓住主要的内容，有计划地选择适合自身研究条件的课题开展研究。

4. 教师应该从整体规划中开发空白点

在终身学习的时代，规划对于每个人来说都是必不可少的。选择了教师职业，就应该对自己的职业生涯进行整体规划。而教师的专业成长，则要求教师有一个学习、钻研的系统，整体的规划方案，以此来促进自身的专业发展。

如果一个教师想要有规划地提升自己的专业水平，通常会十分关注自己已开展的研究过程和内容，并随时进一步修订原有的教学研究计划，根据需要将过去没有考虑的研究课题重新纳入原有规划中，继续扩大研究范围，增加研究深度，时刻思考如何完善原有的教学研究规划，成为教学研究的有心人。

小贴士 ——————————————— 教师常用的研究方法

要成为一名研究型的教师，掌握和运用教学研究的基本方法是十分必要的。目前，我国中小学教师常用的研究方法有以下几种：

一是写教育日志（也称研究日志、工作日志或教师日志）。写教育日志，即每天或几天记录一次自己在教育教学实践中的感受，也可以是每周记录一次。这种方式可以让教师对教育教学事件、问题和自己的认知方式、情感的洞察力都得到理解与升华，从而使教师对自己的思想和相关行为有更多的了解与感悟。这种研究方式简单易操作，每个教师都可以做到，但存在随意性。

二是写教育叙事。写教育叙事，即记叙有意义的教育、教学故事。教育叙事研究是一种反思性研究，能帮助我们"努力挖掘"教育事件中的"理"与"逻辑"，并使我们在挖掘的过程中迅速成长起来。通常这种方式记录的是教师在日常生活、课堂教学、教改实践活动中曾经发生或正在发生的事件。教师以自我叙述的方式来反思自己的教育教学活动，并通过反思来改进自己的行为，不断提高教育教学质量。这种研究方式和成果表达方式对教师来说有着显而易见的优点，同时其局限性也是十分明显的。

三是写教育案例。写教育案例，即记录教育过程中遇到的问题或疑难情景等真实、典型的事件。每一位教师在其教育教学生涯中，都会遇到这样或那样的事件，教师把事件转变为案例的过程，也就是重新认识这个事件、整理自己思维的过程。教师在写教育案例的过程中，不仅可能通过记录、梳理，更为深刻地认识到自己工作中的重点和难点，还可能促进对自身行为的反思，提升教学工作的专业化水平，并能为教师与同伴间分享经验、加强沟通提供平台。

四是写教学反思。写教学反思，即批判性地记录教师在教学过程中的思维活动。教学反思是教师专业发展的重要内容，美国心理学家波斯纳（Posner）给出了一个教师成长的公式：教师成长 = 经验 + 反思。教学反思作为一种研究方式，运用简便，可贯穿于教育教学过程的始终；作为研究成果表达形式，写作灵活，形式多样，可对教师成长发展做出忠实记录和反映，因而在教师研究中广为应用。可见，教师要注重将反思的结果用于实践之中，反思本身不是目的，其目的在于切实变革实践，提升教师的教育教学水平。

五是写教学课例。写教学课例，即记录某节课或某些课的教学场景，通过教学设计、教学实录、教学反思，对多元的、没有明确问题指向的教学实践活动进行研究。通常有三种形式：一是教学设计总体思路、教学情景细致描述和专题教学反思；二是教学设计说明、提炼后的教学场景和总体教学反思；三是教学设计、教学片段和教学反思。

六是写教学论文或调查报告。写教学论文或调查报告，即撰写在教学研究和讨论问题中解决问题的新办法、产生新认识的文章。这种方式要求教师在撰写时要有一定的理论深度和较新的实践探索的角度，教学论文或调查报告的内容既包括有一定的理论深度、在教育教学实践中有一定成果的理论性论文，也包括教师对自己教育教学经验进行的总结，还包括对教育教学现实问题展开调查写出的调查报告。

"教中研，研中教"：
教师的研究之路

　　　　教中研，研中教，以教催生研，以研提升教。对一线教师而言，教育科研是根于实践，源于问题，亲近学生，走进课堂，是田野式的、草根式的鲜活教科研，是教师专业发展中不可或缺的催化剂。

21 世纪的教育改革，需要拥有全新教育理念的教师。教师要由"经验型"向"研究型"转变，从"教书匠"向"研究者"转化。

　　时代在呼唤！教师，只有不断地发展，才能跟上时代的要求。新课程呼唤广大中小学教师的专业化发展，而教师专业化的核心是"研究素养"。教师要发展，必须走教科研之路。

　　教师的教学和研究，是对立统一的，既各有特点，又相互依存、相互促进。教学离不开教育科研的指导，研究也离不开教学实践，只有两者的辩证运动才能推动教师的研究乃至教师的专业发展。因此，"以教促研""以研促教"，让教学和研究相互促进，即在"教中研"以达到"教研相长"，是教师研究的必由之路。

　　教中研，研中教，以教催生研，以研提升教。对一线教师而言，教育科研是根于实践，源于问题，亲近学生，走进课堂，是田野式的、草根式的鲜活教科研，是教师专业发展中不可或缺的催化剂。

　　我们发现，通过教育科研，可以激活问题意识，迸发思想火花，从而寻求教学对策，拓展教育境界。可以说，重行动、重过程的一线教育科研，就是教师的自我锤炼和自我超越。教科研的主阵地是课堂。课堂教学方式的改变，促成了教师的"教"和学生的"学"双主体地位的确立，提高了课堂教学质量。教师课堂上的科研意识和课后反思以及教学札记案例，使教科研和教学融为一体，促进教师业务素质不断提高。

教师只有遵循"教研相长"的规律，走"教中研，研中教"之路，才有可能使自己的教学逐渐趋向、达到合目的性和合规律性的统一，才有可能使自己走上专业发展之路，再在普通不过的日常教学生活中发现和提炼生命的幸福。

走教师研究之路，要在"教中研，研中教"中把握以下几点：

1. 教师越从事研究，就越要重视教学实践

我国的中小学教师承担着繁重的教学任务，做着琐碎的日常工作，既缺乏足够的时间、文献、设备等客观条件，主观上也存在研究方法等理论功底方面的不足。这是教师研究的弱点。但也正是因为如此，教师才能拥有丰富的实践经验，教师的研究才能和教学实践紧紧联系在一起，避免了理论与实践的脱节。

因此，教师越要从事研究，就要越发重视教学实践。

教师的教学实践经验、实践知识和实践智慧越丰富，其研究则越发接近教育教学的规律与本质，越发使教学与研究做到合目的与合规律的统一，逐步走向自由自觉。具有研究意识的教师，他往往更加重视教学，且是以研究的姿态去从事教学。

2. 转换研究视角，有助于唤醒教师的发现意识

不少一线教师常常哀叹没有东西可研究，找不到研究的旨趣。实际上，即使教师开始研究自己的教学生活和教育世界，也常苦于少有发现和创新。

虽然此问题比较复杂，但教师研究视角的转换，也许有助于唤醒教师研究中不可或缺的发现意识。这时，教师"要成为一个陌生人——让自己成为返乡的陌生人。对日常生活采取陌生人的观点，意味着教师以探索、怀疑的

眼光，来审视一个人所生活的教育世界……返乡者对于他的故乡会注意到前所未见的细节与形态"。

当教师以新的视角重新审视自己的教学生活，用批判、怀疑和探究的态度看待自己的问题时，就会发现，自己身处一个需要自己重新认识、重新改变的世界。例如，即便自己教过无数遍的教科书也有值得质疑、商榷和改进的地方。教师只要重新研究教科书，重新对课程资源进行重组和整合，就会有新的发现。事实上，没有批判、怀疑和探究的眼光所带来的专业觉醒，教师就无法在机械、重复乃至平庸的教学生活中捡拾到意义的珍珠。

3. 寻找来自草根的研究方法

对于中小学教师而言，专业、系统的研究方法既难以掌握又不适用。在教学中研究，研究方法必然与教学有着天然的联系。

如果教师经过多年的摸索与实践，逐渐掌握了一些适合自己的研究方法，如最常见的公开课研讨、论文写作，以及教育随笔、教育叙事和教育反思写作等，这种来自教师草根实践的研究方法，由于它与日常教学实践联系紧密，且易于运用，因而具有极强的生长力，是教师"在教学中研究"的得力的研究方法。

4. 重视自我感悟、自我研究与自我反思

教师工作的特点是"言传身教""以德育德"，是育人的工作。因此，在教学中研究，特别需要教师的自我感悟、自我研究与自我反思。自我感悟是教师对自己的教学生活的理性提炼，对于教师的成长至关重要。

在实践中，不少教师对研究的意义认识不准确，忽视了自我感悟、自我研究与反思，因而容易在研究中失落自己。

可以说，教师研究的最大特点是其研究紧贴教学实践，不仅研究的课题和素材来自教学实践，研究目的也是为了教学实践，甚至一些研究的方法和途径也出自教学实践。

因此，教师的教学和研究是合二为一的，教师研究是一种"行动研究"。

因而，教师从事研究，必须高度重视和充分利用教学对研究的促进作用。对于教学来说，研究是手段，研究是为了服务于教学；而对于学生的生命成长而言，教学则又可以是手段。所以，在教师研究中，教学可以是但不仅仅是研究的手段，这时的教学应着眼于教师专业发展和师生生命意义的挖掘。

 小贴士 ———————————— 5 招走好研究型教师之路

教师既是教学实践者又是教育研究者，教与研互动以推动教师的专业发展。在此推荐 5 招助力老师们走好研究型教师之路。

▶ **第 1 招：保持灵活的头脑**

积累知识是"研"的基础，教师只有随时接受新知识、新技能的洗礼，保持灵活的头脑，才能常保自身和学生的智慧因知识的滋润而充满生机。

一是要有广泛的知识面，二是勤于思考。走研究型教师之路的起点在于反思，最重要的是对自己的教育教学行为客观全面地进行审视和反思。

▶ **第 2 招：终身学习**

当今社会高速发展，价值观念的变化、各种选择与竞争的压力，迫使教育要快节奏地适应时代要求。教师必须根据自身实际，顺应整个教育大背景的改革。我们的教学环境在变化，我们的学生实际也在变化，教师只有随时学习新东西，扬弃旧东西，才能针对实际情况决定研什么、何时研和怎么研。

▶ **第 3 招：形成个性**

教师专业发展的根本是个性发展，"研"造就了教师发展，发展又推动"研"走向深化。教师要形成风格，既要有独创性又要有多样性，既要有稳定性又要有灵活性。

教师要发展有自己个性特色的教育教学风格。成熟的教师在教育教学上都有其独特的个性。教师应该加强自我认识，自我反省，自我调控，自我纠偏，往复循环，一直练到老。

▶ **第 4 招：自我完善**

任何有责任心的教师都会自觉提高自身的素质，逐步完善自己。

教育成败关乎国家兴衰，而教育的决定性力量首推教师，要求教师爱国忧国，厚德博学，乐于服务学生。其次是业务能力，要求教师胜任教学，教不倦学不厌，愿与学生共同发展。在教学实践活动中，教师应做好自我管理，明确目标，反复实践，自主发展。

▶ 第 5 招：增强实效

获得实效是"研"的目的。教师要靠自身的能力赢得学生和社会的尊重，仅靠在学校里学的那点知识是远远不够的。一个注重专业成长的教师，都会有明确的学习目标和成长规划。教师要强化自身的探索欲望，充分认识教育实践水平的提高是与教育研究分不开的。在"教中研，研中教"的探索之路上，要做到目标明确，具体实效。

成功教师的职业规划，
从每天、每周、每学期做起

一个成功的教师究竟每天、每周、每学期都在做什么事情？

《一个成功的教师每天要做的事》《一个成功的教师每周要做的事》《一个成功的教师每学期要做的事》——你只要细读这些内容，一定会感受到规划对一个立志要做成功教师的青年教师来讲是十分必要的。

河南省开封市教育局原局长马大建针对一个成功的教师究竟每天、每周、每学期都在做什么事情的问题，通过问卷调查、开座谈会的方式，到许多学校进行了多次认真的调研。调研之后，马局长将调研的内容进行了加工整理，形成了三篇短文，即《一个成功的教师每天要做的事》《一个成功的教师每周要做的事》《一个成功的教师每学期要做的事》。

你只要细读这些内容，一定会感受到马局长提出"一个成功教师"每天、每周、每学期要做的事情每一项都非常有价值，对一个立志要做成功教师的青年教师来讲是很有指导意义的。

一个成功的教师每天要做的事

（1）想想怎样过好今天，怎样才能充满活力，以饱满的激情和热忱投入到一天的教育教学工作中；

（2）认真计划或思考一天要做的主要事情，要将自己的目标深深印在脑海中，不可忘记；

（3）课前了解学生，充分备课，上好一天的课；

（4）课堂注意观察和了解学生，善于发现每一个学生的优点；

（5）精心设计作业，认真地批改或讲评作业；

（6）用心对待每件事，认真做好每件事，把教学工作做细做实，关注到教和学的每个细节；

（7）在自习课或课余时间到自己所教的班级当面辅导一次；

（8）再次熟悉和完善已经准备好的明天的课；

（9）听一节同学科其他教师的课，博采众长；

（10）和两名以上学生沟通或交流一次，主动倾听他们对教学的意见和建议；

（11）与同事交流一次教学心得；

（12）再忙也要抽出一定的时间阅读（报刊、书籍、网络），汲取新知识，获得新信息；

（13）抽出时间参与不少于半小时的文体活动，保证体育锻炼或娱乐的时间；

（14）想想自己今天为什么而感到自豪，应对什么心存感激，用心体味一下今天的工作给自己带来的美好和乐趣；

（15）勤于思考、善于小结，反思一天的工作，发现自己的一个成功之处或获得的一个感悟等，并找出一个问题（或教训），抽出时间撰写一则读书笔记或教育日记（随笔）；

（16）按时作息，起居有节，合理膳食，调节心情，为身心健康打好坚实的基础。

一个成功的教师每周要做的事

（1）认真计划一周要做的主要事情；

（2）上好本周的课，备好下一周的课；

（3）就教育教学工作和一位同事进行一次较深入的交流；

（4）通过多种形式和一名以上学生家长联系，家校结合，及时沟通交流；

（5）至少听一节不同学科教师的课并与其交流；

（6）阅读一篇教育教学论文或者一本教育论著；

（7）参与一次教育理论学习或研讨，参加一次教学研究（校本教研）活动，了解教育信息，关注教学动态及教学中发现的问题；

（8）班主任要组织、指导学生开好一次主题班（团、队）会；

（9）每周召开一次小型学生座谈会，认真倾听学生对教学的意见和建议；

（10）与班主任进行一次沟通交流，了解学生的思想动态；

（11）参加一次两小时以上的健身活动或娱乐活动；

（12）想想本周我为哪些事情而感到自豪，用心体味一下本周的工作给你带来的美好和乐趣；

（13）对一周的工作生活进行反思、总结，发现成绩，找出不足，把每天的小结（教育日记）汇集整理，写一篇教育教学周记或一篇有自己见解的教育短文；

（14）对下周工作进行计划安排。

一个成功的教师每学期要做的事

（1）制订学期个人学习或进修计划；

（2）认真学习研究所教学科课程标准（教学大纲）；

（3）通读（或浏览）本学期使用的教材，总体把握本学期的教学内容；

（4）通过各种形式了解所任班级每个学生的学习、生活、思想和家庭现状；

（5）在本学期正式开学前，根据上级要求和课程标准，结合班级学生特点，制订本期教学工作计划；

（6）以一周为单位，提前一周分别备好每一周的课；

（7）召开两次以上家长会（或座谈会，在开学初、期中或期末）沟通教育教学信息，指导家庭教育；

（8）以电话、书信、网络、家访、家长开放日、家长会等形式，至少与每位学生的家长单独沟通一次；

（9）以如问卷、谈话、面批、个别辅导、座谈等形式，定期主动倾听学生对教育教学工作的意见和建议。

（10）每学期至少对所教每个学生面批一次作业（作文），或个别辅导一次学习；

（11）依据课程标准，定期对学生学业情况进行检测，对检测结果进行分析，有针对性地对学生进行分析指导，同时对下一阶段的教学作出调整；

（12）外出学习、进修、培训或考察一次，学习先进经验，了解信息，开阔视野；

（13）每学期末为每一位学生送上一段贴切的、激励的、富有个性的评语；

（14）读一至两本教育教学论著，参与一项课题研究，写一篇较高质量的教育教学论文，读一本教育文艺类或其他领域的书；

（15）将日常教学中的灵感、心得、感悟、教训进行搜集、整理和总结，结合教育理论学习，写成一篇论文，争取发表；

（16）将本学期的工作进行回顾、反思，并总结成文。

（摘编自《开封市中小学教学常规》）

 小贴士 —————————————— 职业生涯规划

职业生涯规划又叫职业生涯设计，是指在对一个人职业生涯的主客观条件进行测定、分析、总结的基础上，对个人的兴趣、爱好、能力、特点进行综合分析与权衡，结合时代特点，根据自身的职业倾向，确定其最佳的职业奋斗目标，并为实现这一目标作出行之有效的安排。

职业规划就是对职业生涯乃至人生进行持续的、系统的计划的过程。一个完整的职业规划由职业定位、目标设定和通道设计三个要素构成。

华应龙的数学流年

正因为会把篮球玩得很漂亮、会把数学课上得很有趣，慢慢地，他最简单的愿望实现了：成了一名深受学生欢迎的好老师。

29 岁的时候，他开始有了更大的梦想："我想做特级教师，这不只是名誉，对我来说更多的是一种压力和动力。"

今天，他的心愿不再只是单纯地成为一名出色的数学老师，而是成为一名出色的有影响力的数学特级教师，这样就能去影响和带动更多的小学数学教师共同演绎杰出的数学流年。

他，就是华应龙，北京第二实验小学副校长，小学数学特级教师，首批"首都基础教育名家"，北京教育学院兼职教授，北师大版国家义务教育课程标准实验教材编委、分册主编。

人生就像抛物线，每一个起承转合，都风生出五味杂陈的心思，每个点滴的汇集，精彩的总会是杰出的流年。从一名乡镇教师到全国知名的小学数学特级教师，北京第二实验小学副校长华应龙用每个精彩点滴，在一步一步向梦想靠近的过程中，绘就了自己杰出的数学流年。

18 岁，想当一名好老师

时间回到 1984 年，当时的华应龙刚刚从师范学校毕业，被分配到江苏省南通市海安县墩头镇中心小学当老师，承担学校体育和数学两个学科的教学任务。

"那时候，我以教体育为主，教数学为辅。"还在读师范学校的时候，华应龙是学校篮球队的队长，学校里的跨栏纪录是他创造的，这些资本足以让华应龙骄傲地说："那会我体育比数学好。"

的确，谈到自己曾经当体育老师的经历，华应龙不但骄傲，而且感激。在他的随笔《篮球，我的导师》一文中，提到了体育让他从中学到了很多优秀的品质，比如拼搏、竞争、合作、坚韧……

华应龙说，18岁的他还非常简单，根本就不懂什么所谓的教育理想，只是骨子里有种很原始却很坚定的信念，那就是当一名好老师。对于当时被自己当作"副业"的数学课，华应龙是这么说的："其实小学数学很简单，就只是些浅显的知识，算不上什么深奥的大科学，只要让学生感兴趣并且引导他们爱学乐学，那么每个学生都有可能把小学数学学得很好。"为了培养学生们的数学兴趣，华应龙抱着一种带学生"玩"的心态，开始了他的数学教学生涯。

正因为会把篮球玩得很漂亮、会把数学课上得很有趣，慢慢地，华应龙最简单的愿望实现了：成了一名深受学生欢迎的好老师。

29岁，想当一名特级教师

三年后，华应龙因为突出的工作表现，被提拔为学校教导主任。那时候的他，已经开始将数学教学作为自己的"主业"。

过了"初生牛犊不怕虎"的阶段，华应龙开始沉淀自己，静静地思考着该如何在教育教学领域争取更大的进步空间。

"都做了两三年老师了，上课时不太会说话始终是我的软肋。"华应龙坦言，曾经在实习的时候，同组的一位女同学教给他一个方法，那就是在上课说话打结的时候用说"好"字来连接，这样既不会被学生看出来，又能给自己一个缓冲思考的时间。于是，华应龙对这个方法深信不疑，且屡试不爽。

结果有一天，课堂上发生的一幕让他尴尬难堪。"当时课上有两个学生争起来了，原因居然是他们偷偷统计我上课说了多少个'好'字，结果统计数字有了出入，一个说是42个，一个说是38个。"这件事对华应龙触动很大，他突然也想知道自己一堂课究竟说了多少个"好"字？为什么自己的课堂语言会如此不连贯？于是，他找来录音机，录下自己的课堂，课后通过听录音反思，从而做到扬长避短。从那时候起，"听自己的课、反思自己的课堂"成了华应龙一个保留至今的习惯。

除了在教学语言上改善自己，华应龙还希望在教学设计方面能够有所突破。于是，各种书籍成了华应龙最好的老师。由于当时在乡镇任教，买书并不是特别方便，邮寄购书成了他常用的方式。华应龙回忆说，在他以前的那个办公室的窗户边，总是挂着厚厚一沓邮寄汇款单。"那些汇款单见证了我读书的日子。书柜里的第一套'北京教育丛书'就是邮购的。"

华应龙的努力开始得到更多的回报。在学校带课，他班上学生的成绩总是比第二名多出一大截；连续三次参加海安县的教学比赛，没有一次铩羽；代表县里参加南通市的比赛，又是实至名归；在1996年全国数学年会上开《年、月、日》的公开课，完美的课堂演绎让众多教育专家赞不绝口……

29岁的时候，华应龙被县教育局推荐申报特级教师。他开始有了更大的梦想："我想做特级教师，这不只是名誉，对我来说更多的是一种压力和动力。"

32岁，想做一个好人

第一次申报特级教师，华应龙在最后一个环节没有通过。当时相关部门给出的理由是"年龄太小"。

对于这样的结果，华应龙并没有灰心懊恼："没被评上特级，可能是因为我在某些地方做得不够好。这样反而让我有更大的空间和动力去提升自己。"

事实上，在第一次的申报中，海安县共有两个人参与了特级教师的申报，一个是华应龙，另一个则是华应龙的"师父"。"陈今晨老师是县里的教研员，在我成长的路上，他给予了我很多的指导和很大的鼓励，我非常感谢他。"在申报材料的最后，华应龙写下了这么一句话："如果没有我的师父陈今晨老师的栽培，就不会有我的今天。"

懂得感恩的华应龙以宽容、进取的心态面对第一次申报失利。他继续沉迷于自己的数学教学实践研究，继续阅读大量的书刊，继续脚踏实地地写着自己的教学反思日记……"特级教师不能只是个名号，只有当一个教师的知识水平和能力结构足够丰盈时，他才对得起'特级'这么一个名誉。"

就这样，两年过去了。1998年，县里再次申报特级教师。由于名额的限制，教育局考虑到另外一位老教师年事已高，只能忍痛放弃了对华应龙的推荐。但由于华应龙教学成绩突出，南通市教育局领导特批"华应龙不占用名额申报"。得知这样的消息，华应龙并没有沾沾自喜，而是考虑到教学成绩同样优秀且年龄较大的那位老教师可能会因为自己的原因不能通过申报，于是他果断地向市教育局提出请求："如果我的申报会影响到别人，我选择放弃。"

就这样，华应龙用一言一行兑现着"做一个好人"的承诺。他说："只有做一个好人，才有可能做一名好老师。"

1998年的教师节，华应龙接过了"特级教师"的证书。

36 岁，想做有影响力的数学特级教师

后来，华应龙在海安县实验小学当副校长。在那里，他一如既往地好好教书，好好做人。直到他2001年在全国第五届小学数学教学比赛上再次碰到北京第二实验小学的李烈校长。

事实上，华应龙跟李校长曾经有过一次交流。那是在1996年全国数学年会上，华应龙上了那节《年、月、日》的公开课，听课的都是来自全国各地的名师，其中就有来自北京的李烈。丰满的教学目标、轻松有趣的课堂导入、严谨充盈的内容设计、工整漂亮的板书……课堂完美得几乎折服了所有

人。李烈校长在听课结束后对华应龙说了这么一句话："我希望你能到北京去发展。"

当时的华应龙只敢把这句话当作是李烈校长的一番鼓励之词，并没有过多地考虑此事。直到这次碰到李烈校长，于是华应龙开始思考了："我是不是该去试一下呢？"

2001年年底，华应龙到北京第二实验小学考察，发现这里的确是一块不一样的地方，贯穿融会了很多新课程的教育教学理念。"我觉得我应该给自己机会，去接触更广阔的舞台，去创造更多的精彩。"

2002年3月，华应龙在没有提任何要求的前提下调到了北京第二实验小学。他毅然放弃了在江苏已有的成绩，做好了一切从零开始的准备。

华应龙说他很幸运，总是在很关键的时候得到很多好心人的帮助。在初到北京的日子，学校的李烈校长创造机会让他到学校讲课，吴正宪等数学教学名师毫无保留地与他探讨交流……慢慢地，华应龙的名气越来越大。

"我是36岁来北京的，来北京是为了给自己一个更大的舞台。"华应龙说他现在的心愿不再只是单纯地成为一名出色的数学老师，而是成为一名出色的有影响力的数学特级教师，这样就能去影响和带动更多的小学数学教师共同演绎杰出的数学流年。

是的，华应龙的数学流年在继续……

旁白：华应龙猜想

采访华校长的头一天，我在网上搜索关于他的资料。

一篇名为《华应龙猜想》的教师博客吸引了我的注意。博客中写道："明天就有机会听到华老师的课了，这令我这个'华粉'兴奋异常！他将会以哪种方式引入新课呢？他将带领学生以何种方式探索圆的周长计算公式？他的练习又会有哪些'与时代脉搏一起律动'的新题？他的课堂，会呈现哪些精彩的语言？又会生出什么意料之外的精彩……"这位老师的期待心情表露无遗。

华校长究竟是怎样的一位师者？他何以有这样的魅力让那么多人期许他的课堂？我竟然也开始期待、开始猜想。

采访如约而至，碰面时打招呼的方式很特别。"你的笔记本很漂亮。""谢谢。"望着我手中的笔记本，回味这个开场白，我发现从未谋面的华校长很是亲切。

采访过程中，华校长时不时会接到电话或短信，甚至中途还有事离开了一会儿。正好，让我有暇欣赏这位数学名师的办公室。窗明几净，洒满阳光。满柜的书，屋角的绿，墙上的字……可以感受得到主人的宁静致远。

采访顺利进行着，华校长娓娓讲述着他的数学流年。这个模样儒雅的中年男子谈吐中流露出的一种霸气，大概都是源于他对自己数学教学的自信吧。

采访结束，我也突然明白了，为什么那么多人会有兴趣去完成"华应龙猜想"。

（冉阳）

 小贴士 ———————————————— "疯狂数学"的教学艺术

有人说，华老师的数学课简直是"疯狂数学"。是的，在他的课堂上，常常出现下课铃响了，老师示意下课，学生挥舞着小拳头高喊："抗议，抗议。"那么"疯狂数学"背后究竟蕴含着怎样的教学艺术呢？

- 巧搭数学与生活之桥。让学生学有价值的数学，学生活中的数学，使枯燥呆板的数学教学变得既有趣又有用。

- 不妨听听自己的课。课堂上架摄像机、备课本上写反思笔记……华老师的成功之处就在于反思，不断地反思，不断地改进教学，不断地超越自己。

- 问题由学生提出。哪个同学能够提出自己不懂的问题，哪个同学能够提出和其他同学不同的观点，甚至和老师不一样的想法，这样的学生在华老师看来是最好的学生。

- 让课堂充满民主。在华老师的课上，学生有话可说，有话敢说，说了还管用。

华老师觉得学生"人小鬼大"，都是有主见、有思想的人。

- "导误"导出真探究。发现学生想错了，却对差错"视而不见"、将错就错，带领学生在探究中发现问题，再将其带入柳暗花明的境地，体会豁然开朗的学习顿悟。

- 评价不是筛子而是"泵"。充满智慧和人情味的评价，是孩子们的阳光，是课堂的生命。

- 课堂因差错而精彩。对于学生的差错，教师的心态是什么？是斥责、批评，还是欣赏和接纳，这反映了一个教师的教育观念。

第七章

人脉：

优秀教师的社会资本

人脉决定成败

斯坦福研究中心曾经有一项调查报告显示：一个人赚的钱，12.5% 是靠自身的知识，87.5% 则来自人脉关系。这正如我们常说的职业成功是"三分靠实力，七分靠人脉"。正如时下流行的一句话："30 岁以前靠专业赚钱，30 岁以后拿人脉赚钱。"

心理学研究的人际关系，是指人与人之间通过交往建立起来的某种比较稳定的心理联系，它反映着人与人之间的心理距离，也标志着人与人之间亲近性、融洽性、协调性的发展水平和现实状况。

每个人的能力都是有限的，可能局限于某一个方面，或是某几个有限的领域。所以，在我们的职业生涯中，我们必须学会利用别人的能力，以他人的能力弥补自己不足的方面。

而能否让别人的能力为自己所用，是一种至为关键的能力。想要取人所长补己之短，前提是我们必须认识拥有自己需要的那种能力的人，即要拥有足够的人脉资源。这也是我们俗称的人际关系网。

人脉资源丰富的人往往朋友遍天下，生病了可以找医生朋友，上学了可以找教师朋友，打官司了可以找律师朋友……这样的人做起事情来自然就如鱼得水、左右逢源了。

斯坦福研究中心曾经有一项调查报告显示：一个人赚的钱，12.5% 是靠自身的知识，87.5% 则来自人脉关系。这正如我们常说的职业成功是"三分靠实力，七分靠人脉"。正如时下流行的一句话："30 岁以前靠专业赚钱，30 岁以后拿人脉赚钱。"

哈佛大学曾做过一项调查得出一个结论：顶尖人才会采用不同的人际策略，这些人会多花时间与那些在关键时刻可能有帮助的人培养良好的关系，在面临问题或危机时便容易化险为夷。

新东方的俞敏洪曾说，你要想知道你今天究竟值多少钱，你就找出身边最要好的三个朋友，他们收入的平均值，就是你应该获得的收入。

显然，积累和拓展人脉资源，是一个人事业成功的基础。而这种积累和拓展是需要技巧的。通常可以在人际交往中注意以下几点：

一是守信用。一个诚实守信用的人，会给人留下可信任的印象，很容易得到他人的认可。如果你为人诚信，口碑很好，学生也好，同事也好，都会信赖你，把你当成一生的良师益友。这无形中就为你积攒了人脉资源。

二是自我增值。人脉专家研究发现，人脉的最高境界就是互利。当你发现某个人对你来说有利用价值而欲与之主动建立关系时，对方也会考虑你对于他来说是否也具有利用价值。所以，一个人要想拓展自己的人脉，首先要让自己增值，有资本成为他人的人脉。比如，如果你是某学科方面的专家教师，就有学生家长愿意把孩子往你的班里送。

三是精于察言观色，长于创新。想让自己赢得更多的人脉资源，一定要精于察言观色，长于创新，这样才可能有更多的机会。一位新分配到学校的年轻教师，为了让校长很快注意到他，仔细观察了校长每天到校吃早餐的时间，每次都有意与校长同时间进餐并找机会跟校长交流，很快校长就注意到这个年轻人，时间一久，这个年轻教师得到了校长的赏识和器重。

四是努力让自己的付出多于回报。中国有句古话：做事要靠朋友，助人就是助己。所谓与人方便就是与己方便。一个乐于助人的人，会更容易与人建立友谊和感情。

商品经济时代，经营两个字对于我们每个人都不陌生，人脉亦然。人脉是需要经营的，更需要长时间的积累和沉淀，而不是只交换了一下名片，对方就算是自己的人脉资源了。

当一个人拥有了一定的人脉资源，不仅需要好好经营，更需要懂得怎样去利用。其中最重要的是要善于整合这种资源，在整合的过程中将其变成自己可利用的现实资源。

一个有人脉意识的人，会经常梳理自己交际圈里的人脉，了解每个人在哪些方面有他独特的价值。在需要对方帮助时，能准确地找到可以帮助自己的人。

美国著名社会心理学家斯坦利·米尔格伦（Stanley Milgram）在 20 世纪 60 年代提出了"六度分离"理论，按照这一理论，你和世界上的任何一个人之间只隔着 4 个人，不管对方在哪个国家，属于哪类人种，是哪种肤色。想想看，你和乔布斯之间也只有 4 个人，而且构成这个奇妙 6 人链中的第二个人，竟是你认识的人，也许是你的父母，也许是你的高中同学，也许是你可能忽略的你认识的某个人……

世界就是这样奇妙，在适当的时机，任何一个普通人都可以扭转乾坤，成为你生活中的贵人！

 小贴士 ———————————————— 人脉资源的类别

有专家将人脉资源根据其形成的过程分为：血缘人脉、地缘人脉、学缘人脉、事缘人脉、随缘人脉等。

血缘人脉：这种关系网中的人与人之间存在血缘关系，是由家族、宗族、种族构成的。

地缘人脉：这种关系网中的人与人之间曾经或现在居住在同一个地方，从而因地域而形成关系，也就是我们通常所说的老乡关系。

学缘人脉：这种关系网中的人与人之间有过或长或短的同学关系，长到从小学到大学，短到各种短期培训班。

事缘人脉：这种关系网中的人与人之间因共同工作或处理事务相处过，形成良好的人脉关系。

随缘人脉：这种关系网中的人与人之间曾经因一次短暂的聚会、一次偶然的邂逅交会过，因上天的偶然安排形成人脉关系，这就是我们通常所说的"有缘千里来相会"。

亲爱的老师，
请开设你的人脉账户

如何积累和拓展人际资源，对教师而言，除了利用桃李满天下的优势，更多的是要着眼于当下的资源。

亲爱的老师，如果你想成功，就一定要尽早开设自己的人脉账户，要营造一个适于成功的人际关系网。

老师，您需要人脉吗？您有良好的人脉关系吗？

也许有老师会这样说："我的业务能力这么强，还需要靠什么关系！"

的确，业务能力是教师从教的根本，但如果一个教师的身后有一大批业务能力和你一样强甚至比你更强的人支持你，有一大批其他专业能力超强的人帮助你，给你成功的资源和能量，你会变成什么样的教师？

学历是铜牌，能力是银牌，人脉是金牌，思维是王牌。这是当今社会流行的一种成功法则。

所以有人说，人脉如银行账户，得自己开户，自己掌控存折的数字。

其实，在人际交往中，每个人的心中都有一个银行，都设有一本情感账户。世界上没有无缘无故的恨，也没有无缘无故的爱，能够充实你的情感账户储蓄的，只能通过你对他人真诚、热忱的关心、支持和帮助得来。当一个人不停地往账户上储蓄，就会不断赢得对方的信任。当你遇到困难需要帮助时，这种信任就会发挥巨大的作用。

所以，我们首先要乐于助人、关心他人，不断增加情感账户上的储蓄。

这样，当我们需要得到别人帮助时，我们就可以坦诚大方地提出。

有这样三则故事或许可以给教师朋友以启发：

故事一：一位教师的朋友的儿子考上大学了，受邀请到家中做客。但吃饭时这位教师却发现这个朋友心事重重，一问方知，虽然儿子考上了重点大学，但高额的学费让家境不好的朋友很为难。于是这位教师当即为朋友的儿子赞助了学费，并动员在座的宾客慷慨相助。

故事二：一个到边远农村学校任职的校长，上任前对学校情况进行了解，发现该校贫困学生很多，其中有一个学生家境尤其困难，60多岁的老父患有严重的心脏病，其母患肾炎和糖尿病，每次上学，这个孩子都是东拼西凑交的学费。到校的第一天，他就当众说明了这一情况，并宣布减免这个孩子的学费。此举为他在当地赢得了很高的威望，也因此积累了人脉资源。

故事三：2009年3月，浙江的《今日早报》上一则新闻引起了很多人关注——《一大学生立的生活目标：每天认识三个人积累人脉资源》。这则新闻说，浙江财经学院的大一学生詹某在校园网上发帖："我认识的人很多，但我还想认识更多的人。如果你能在这里留下你的信息，那以后有什么事，我们就可以互相帮助了……"发帖人詹某的目标是：要在大学四年里，积累起自己的人脉库。詹某认为，"这样的人脉库，不管是我在校期间，还是以后走上工作岗位，都会大有帮助，这将是我大学的一笔财富"。这一做法虽然引起了一定争议，但作为学生的詹某的人脉资源意识却不得不令人刮目相看。

曾任美国总统的西奥多·罗斯福（Theodore Roosevelt）说："成功的第一要素是懂得如何搞好人际关系。"所以，亲爱的老师，如果你想成功，就一定要尽早开设自己的人脉账户，要营造一个适于成功的人际关系网。

 小贴士 ———————————— 人脉账户开设应遵循的 5 大原则

► **互惠原则**

互惠即利人利己。利人利己是一种双赢的人际关系模式，但这种利人利己不是世俗的"互相利用"，这种利己在帮助别人的利他行为中得到心理满足。而对方给予自己的帮助，只是自己利他行为的客观报偿。

> **诚实守信原则**

在人际交往中，人们通常都喜欢跟诚实、爽快、表里如一的人打交道。信任，能给人以安全感，如果双方在交往中达不到心理上的安全感，彼此就会不信任，也不会真诚相交。

> **互赖原则**

人与人之间息息相关、互相依存，才会形成互依互赖的关系。只有达成"合则彼此有利，分则大家倒霉"的观念，双方共同努力，共同担负责任，才能共策共力，达到真正互依互赖的境界。

> **分享原则**

分享的越多，得到的就越多。分享是一种最好的建立人脉关系的方式。一个人分享的东西是对别人有用、有帮助的，别人就会感谢你。如果你愿意付出，愿意与别人分享，别人就愿意与你做朋友，愿意与你打交道。

> **坚持原则**

凡是不轻言放弃的人，才能有更多正面思考的时间、更深刻的屡败屡战的信念，才可能赢得更多成功的机遇。在经营和开发人脉资源的过程中，唯有坚持到底、辛勤耕耘的人，才会构建丰富的人脉网络，最终达到"振臂一挥，应者云集"的人脉境界。

如何构建
自己的人脉圈

　　人，在转变自己的角色时，也同时在不断扩大自己的人脉圈。

　　有一则著名的格言："重要的不在于你懂得什么，而在于你认识谁。"

每个人的一生，都是在不断地从一个圈子走向另一个圈子。

人，在转变自己的角色时，也同时在不断扩大自己的人脉圈。

每个人都应该不断构建自己的人脉圈子。归纳起来，不外乎有以下几条途径：

1. 从身边的人着手

来自身边的人脉圈子，往往是最牢固、最可靠的圈子。所以，我们可以先从身边的亲人开始挖掘，然后再慢慢扩展到老师、同学、朋友、老乡、同事，最后发展为对自己有用的圈子。这些人脉资源，有的或许会成为你无形的资源和财富。

2. 结交至关重要的人物

有一则著名的格言："重要的不在于你懂得什么，而在于你认识谁。"一个人，只有不断地认识那些能够改变或帮助你的人，才能构建有用的人脉资源库。

想要认识至关重要的人物，必须从各种渠道入手，突破你原来经常接触的圈子，如参加一些重要活动、出席一些重要会议、听成功人士讲座等。重要的人物往往能给你提供重要的机会。

3. 敢于对陌生人说话

每一个人都渴望获得帮助，特别是当利用自己的现有资源难以取得成功的情况下。所以，我们在与陌生人和外界社会接触时，要怀着开放的态度，要具备较强的人际交往能力。

4. 经营好人际关系网络

西奥多·罗斯福曾说："成功的第一要素是懂得如何搞好人际关系。"一个人，如何将圈子的人脉资源转化为事业资源，最为关键的是经营好自己的人际关系网络。

相比其他行业而言，中小学教师的生活圈相对狭窄，天天待在单一而封闭的校园里，与社会的接触相对较少。虽然教师可能因为学生的原因，面对来自各个社会阶层的家长，但多是止于表面的交流，尤其是班主任以外的学科教师。

如何积累和拓展人际资源，对教师而言，除了利用桃李满天下的优势，更多的是要着眼于当下的资源。

于是，有专家建议，教师的人脉资源可以先从家长着手建立，有了丰富的家长人脉资源，无论对于班级的管理还是对于教师个人的发展，都会取得意想不到的良好效果。

一个班通常有 40 个左右的孩子，必然有 80 个左右的家长，每个家长都有自己的特长、专业和人脉，教师如果能有效开发和利用家长的人力资源，就会拥有超强的人脉资源圈。如何开发和利用一个班学生家长的人力资源？可以从以下方面着手：

第一，利用家长的专业资源。家长从事着不同的职业，教师应该学会发挥家长的专业优势，鼓励家长用专业知识或资源为班级教育服务。

第二，发挥家长的特长资源。一些家长身怀绝技，长于摄影、绘画、书法等，教师应该积极调动和发挥他们的特长，为学生服务，或发展为自己的人脉资源。

第三，调动家长的人脉资源。每个家长又有各类亲人和朋友，可邀请特长和专业明显的家长的人脉关系为学校服务，为班级的一些需求服务。

小贴士 ———————————— "小成本"管理自己的人脉网

记录人脉资料。养成记录的好习惯，对你在不同场合结交的人，不仅要收藏名片，还要记下此人的工作性质、特色、爱好等，这些记录在必要的时候将会发挥意想不到的作用。

建立信任度。人际交往中，最重要的是彼此的信任。因此，在交往的过程中一定要以诚相待。

记住特殊日子，送上祝福。记得朋友的生日，记得朋友值得祝贺的日子，这种时候送上一条祝福的短信或发一封电子邮件，或在对方失落时送上鼓励的话语，都会让你的朋友缘更好。

保持沟通和会面。要能够与朋友保持见面和交流，这会让你们之间的感情始终保鲜。这样，当别人有对你有用的信息时，一定不会忘记提供给你。

优秀教师的
人脉资源效应

人脉是一面镜子，通过它可以了解自己、了解社会和了解人生。

2009年5月，据新华网报道，武汉有一位高校教师"靠人脉"推荐了百名学生就业。

据介绍，这位在武汉科技大学中南分校任教的肖华老师，2003年年底才到武汉科技大学中南分校工作，主要讲授证券方面的专业课。而此前，他在证券行业里工作了10余年，不仅有长期的证券公司工作经历，还有实际的金融投资工具研究经历和丰富的证券投资教学经验，因此，肖华老师的教学颇受学生的欢迎。

作为一名专业教师，肖华老师不仅教学认真，还积极参与到学院的就业指导工作中。他在班级的QQ群里发布消息说：就业如有困难，可以与他联系。

五年来，肖华老师成功推荐100余名学生顺利就业。

有专家认为，肖华老师近年来成功推荐学生就业的启示是，教师要熟悉行业人才需求，在教学过程中要有针对性地培养应用型人才，这有助于减少学生就业时的适应期，从而也节约了用人单位的再培训成本。

如果说，教师是学校的资源，而人际关系是教师的资源，那么，一个教师依靠自己的人脉关系，促进了学生的就业，何尝不是一种人脉资源使用产生的良好效应？这种行为不仅能让学生得到益处，也能让教师本人的人脉运筹能力得到拓展。

人脉是一笔无形资产。

越往高处走的人，越要有人照应。

有人脉就有机遇。

人脉是一面镜子，通过它可以了解自己、了解社会和了解人生。

老师，开发你的人脉金矿吧，在你的人脉网络中，只要你善于开发，每一个人都会成为你的金矿。

小贴士 ———————— 人脉地图，让你看清人脉的本质

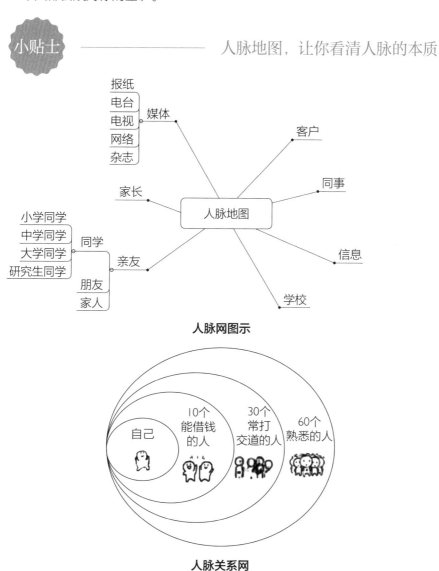

人脉网图示

人脉关系网

无奇中石：一生只做教书匠

他一生从教，从小学一年级一直教到博士后，桃李满天下。

他的书法是艺术界的传奇。他师从书法家吴玉如先生、哲学家金岳霖先生、画家齐白石先生、京剧家奚啸伯先生，各大领域成就卓著，却自戏一生"少无大志，见异思迁，不务'正'业，无'家'可归"。

他将捐赠的奖学金定名为"春晖奖学金"，拒绝以自己的名字命名。

他在汶川地震发生后，第一时间带头筹集善款捐献给灾区。

他耄耋之年依然在三尺讲台上默默耕耘。

他，正是平生最愿意称自己是一名"教书匠"的当代著名学者、教育家、书法家欧阳中石先生。

教师要教会学生"打圆心"

中石先生这一辈子，注定与教书结缘。"我之所以叫自己'教书匠'，就是我是以教书为我的生活，我没有一个年级落下了，从小学一年级一直教到博士后。"2008年7月13日，一个细雨飘零的上午，在位于首都师范大学的中石先生家中墨香浓郁的书房里，他向笔者慢慢回忆起自己近60年的从教往事——

1948 年中学毕业后，先生在济南的一所小学当了一名一年级老师。1951年，他考入北京大学哲学系，攻读逻辑学。1954 年 9 月，他被分配到北京市通县师范学校任教。其后，他又在通县二中、北京市第一七一中学任教。28年间，他相继教过语文、数学、历史、美术、化学，甚至还教过体育。

一个逻辑学高才生，却在中小学各学科辗转任教，在当时本是师资短缺的无奈之举，但先生却认为这些经历是一笔宝贵的财富。他说："这让我对每个阶段的教学都有丰富而深刻的感受，有利于总结教学经验和把握教学规律。"

"我不大主张'用功'。我主张学生在研究学习方法上多动脑筋，用一点的'功'夺取更多的收获。有人说这是投机取巧，但我认为，学习就是要'取巧'，掌握要领就可以花较少的时间和精力取得更大的收获。"在教学中，先生特别注重把握教学规律，让学生"学少而得多"。

这种施教体会来自先生少年时的一段学习经历。上初二时，家长让他向一位 80 多岁的武岩法师学习书法。这位法师要求写字必须在他那里写，而且必须从他那里买宣纸写，5 元钱一张，而当时一袋面粉才值 2 元钱。由于嫌纸太贵，每次年少的中石都不敢轻易下笔，脑子里反复琢磨字体结构和法师的起笔、行笔和收笔，直到烂熟于心才下笔，结果提高得很快。

后来，先生才知道，武岩法师只是利用他嫌纸太贵的心理，调动他用心钻研字帖的内在特点，并强调写字要少而精，事实上所收的宣纸钱，都退还给他家里了。

这段特殊的学习经历形成了他后来教学中的"打圆心"论。他认为，教师讲授和学生学习，都应该围绕会与不会，而不是知与不知。"什么事物都有个'圆心'，教师应该教会学生'打圆心'，就是要学会抓住事物的核心和要害。"先生解释。

在第一七一中学工作时，先生对语文教学进行了大胆改革。他编写教材并设计教学方案，最后参与实验的初中毕业生参加语文学科高考，总体平均分竟比高中毕业生高出 6 分！这一实验成果在当时引起相当大的轰动，在一次研讨会上被誉为"中国语文教学改革的最高成果"。

先生的成功秘诀是什么呢？他当时将语文教学分为"六法"：字法、词法、句法、修辞法、章法、思维法。"六法"以字法为基础，而思维法主要讲逻辑知识。他告诉笔者，他教的这些学生有个特点，考试分数高，擅长做能力发挥型的题目，但死记硬背的题目得分都不高。在大力推行素质教育的今天，先生的这些教学改革思想颇值得认真研究。

当时，80岁高龄的先生仍然对研究教学有着极大兴趣，仍然坚持指导研究生和博士后。他说："我将80年人生浓缩的经验告诉给二三十岁的人，使他们不必自己摸索而直接运用，不是很好吗？"

教书更要育人

作为老师，教书更要育人。半个多世纪的教书生涯中，先生始终把"教人以德"放在第一位。在他看来，德是取得成绩的基础，德是使人成长的关键。

先生曾在文章中写道："德"是人类社会为了更好地生存，更好地发展，为了共同的利益必须约定的一切思想原则理念。这些原则理念人人必须遵守，不得有任何偏离，稍加逾越都会违背大家的利益。

当笔者提及2008年5月教育部出台《中小学教师职业道德规范（征求意见稿)》的举措时，先生连声叫"好"！

早在2005年第21个教师节前夕，先生就在北京大学举行的"师德论坛"的演讲中建议：组织一个班子，把师德这个概念的涵义细致地理一理系统、分一分层次，作为青年教师必修的一门主课。

他告诉笔者，把"师德"明朗化，即用书面形式表达，是非常必要的。他建议，制定的原则最好是规定出师德的主体思想，不宜太具体，简单而易于朗朗上口、熟记于心最佳。

先生深情地给笔者讲了一个故事：他在山东泰安老家上小学五年级时，国文先生叫李介卿，一个普通的知识分子。但李先生在特定历史时期讲出的一句话，让年幼的中石永远记住了他。一天，学生们得到通知，赶快停课到机场路边去迎接要人。李老师当时却告诉同学们："什么要人，不就是一个汉奸！""他的民族感、是非观让我对他崇敬了一辈子。"沧桑 70 载，一个好老师的形象一直挺立在先生心中，成为他"教人以德"的人生坐标。

"教我的那些老师，为人师表的风范，崇高的育人精神，以及他们的教学方法，教育我如何做人，在今天看来也是非常可贵的。"事实上，多年来他也如同教他的老师一样，身体力行地成为了"师德"表率。

"师德一定要有所约束。"他再次强调，因为在市场经济等因素的冲击下，"德"这一概念已经发生了断层。"我们这个年龄层次的教师对'师德'的理解是一种，青年教师们则是另外一种。而且，随着发展断层会不断拉大。"他语重心长地说："学校的德育建设好了，学生从学校走向社会，国家自然就有了德质良好的公民，所以——'德有着本原的价值'。构建师德体系，一定要建立在国家利益的大前提之下。"

与先生的对话中，让笔者感受最深的一点，是他时刻都站在国家的立场上，有体系地思考问题。他把最普通的问题，提升到了值得研究的、利国利民的高度。

教书法是为了文化兴教

在中国文化界，几乎没有人不知道欧阳中石这个名字。作为首都师范大学书法文化博士后教授的他，以一手漂亮的书法被公认为当代中国著名学者和书法大家。

1981 年，先生调入首都师范大学，由中小学教育转入高等教育。1985 年，他在首都师范大学成立了书法大专班，正式开启了中国书法文化高等教育学科。此后，他又在学校相继开设了书法文化教育本科和硕士课程，并建立博士点和博士后教学点，使中国书法文化高等教育形成了完整的体系。

他告诉笔者："我研究的这门课是书法文化，而不是单纯的写字。如果光教写字的话，这是小学课程。为什么在高等学校还要搞到硕士、博士、博士后，干什么用？汉语是中华儿女智慧的结晶，汉文是在这个结晶的基础上构成的串珠，是一串一串的珠宝。书法是要在串珠外面再加上一个光环，我认为它的价值是这样的。我觉得书法文化是个学科，它把我们中华民族的许许多多的学问融合到一块儿，用书法的形式表现出去，所以我就想到这是个切入点。更重要的是，宣扬我们的文化。"

这是先生多年的宿愿：把中国文化放到书法这个载体上，通过教给学生书法而更好地把中国文化传承下去。

数年前，先生曾写过一幅作品："作字行文，文以载道。以书焕采，赋以生机。"如今，他将"赋以生机"4个字换成了"切实如需"。"这段话改了很多次了。"他说，"我认为还是'切时如需'更精当"。这正是先生对书法文化学科的要求。

先生认为，书法必须跟上时代的步伐，反映时代的需求，才能对今天的社会有所裨益。为此，他要求自己、也鼓励学生们广涉博学，努力将书法专业办成综合性、跨学科的新型专业体系。如今，给博士生上课时，他会不经意地给他们讲起中学的化学课——提纯和结晶是做一切学问必经的过程！

也许是从教多年，总与学生打交道的缘故，先生的心态很年轻。"我教授的课程很丰富，我非常喜欢，因此，心态也和儿童一样，很天真。"先生的顽皮是出了名的，学生送他两个字——"好玩"。

先生的顽皮源于敏锐的才思，更源于天真的心，正因如此，他对很多事物有着有趣而又独到的看法。一次，他参加母校北大的一个会议，有人讲到丑石——"丑石丑到极致就是美石"。先生不同意这观点，"丑就是丑，美就是美，丑到极致就是更丑"。

之后，他开始给"中石"扬名："不奇不丑只平常，腆脸其中已勉强，但乞娲皇原谅我，只求随后望尘香。"多年来，追求"无奇"之奇，更是成为先生的人生境界。

如今，先生已驾鹤西去，但先生留下的书法教育思想永远值得我们传承和发扬。

▶ **中石自画像**

普普通通一教师，平平淡淡的无奇，无奇不意非无意，正是无奇正是奇。

▶ **中石自白**

自画像是我对自己的认定，很准确：我是个普普通通的教师。"无奇"是的确没有什么特点；"不意"是没想到；"正是无奇正是奇"，正是这种没有特点本身就是特点。

第八章

金钱的秘密：

优秀教师的财商资本

我们需要怎样的
财商教育

越来越多的人意识到，财商教育是人生必修课。

对于教师而言，财商教育，已不是一个陌生的话题。目前，我国发达地区的一些学校已经开始尝试财商教育的内容，但对很多老师而言，其本身就对财商教育很陌生。这一点上，我们整体是落后于西方国家的。

大部分人想到财商教育，第一个反应就是理财。然而，财商教育并不等于理财。虽然整个财商教育都是围绕钱进行的，但是财商教育绝不仅仅只是钱那点儿事。

财商指个人、集体认识、创造和管理财富的能力，包括观念、知识、行为三个方面。财商是与智商、情商并列的现代社会能力三大不可缺的素质。成年人 90% 的烦恼，其实都跟钱有关。

所以，亲爱的老师们，我们首先要正确理解财商教育。

我们首先应该弄清楚这个关键问题：如何理解财商教育？

想要理解财商教育，首先要理解财商。财商到底是什么？财商（Financial Quotient），简称 FQ，其实是我们认识、创造、管理财富的能力。

认识，就是明确你的金钱观，你要知道钱的价值是什么；创造，首先是要了解钱的规律，才有可能去创造钱；还有，就是要学会管理财富。

简而言之，财商包含了三个方面——赚钱、花钱、管钱。三个维度，三个角度。

财商教育不仅是学习如何赚钱，更重要的是学习如何跟钱打交道。我们跟钱之间的关系一定是驾驭与反驾驭的关系，到底是你驾驭了金钱还是金钱驾驭了你？

驾驭金钱，则也需要从两个维度去考虑。

第一，我们要了解金钱的规律，知道怎么去赚钱。第二，等我们赚到钱以后，要知道如何去让钱为我们服务。

在我们目前的社会中，不管是有钱的还是没钱的，被钱驾驭的人太多了。很多人拼命地赚钱，却忘记了自己的初衷。

如果把钱看作我们人生渡河的工具，我们身边真的存在非常多的人，一辈子把船越造越大，却压根忘记了自己要过河。我们不希望下一代的孩子也会是这样的状况。

尽管《富爸爸穷爸爸》之类的理财书籍在中国过去的十多年里并不少见，但财商教育备受社会关注不过是近几年的事情。

《富爸爸穷爸爸》里有这样一句话："如果你不教孩子金钱的知识，将来有其他人取代你。这个人是谁？也许是债主，也许是奸商，也许是警察，也许是骗子。"

《富爸爸穷爸爸》里还有这么一句话："钱是一种力量，但更有力量的是财商教育。钱来了又会去，但如果你了解钱是如何运动的，你就获得了驾驭它的力量，就能开始积累财富。"

每一种新事物的产生都将会面临各种挑战。财商教育亦不例外。财商教育的精髓是教你如何去驾驭金钱，不被金钱所俘虏，不变成金钱的奴隶。它培养的是真正的生活技能，是真正意义上的综合素质培养。而这种生活技能和综合素质，不仅对学生很重要，对于老师们也十分重要。

亲爱的老师们，如此，我们才需要财商教育。

小贴士 —————————— 世界各国的财商教育

美国、英国、日本等经济发达国家的财商教育起步较早，金融市场发展也较为成熟，这些国家已从国家层面推行儿童财商教育。

美国：在美国，孩子从 3 岁开始就会有"幸福人生"计划。2009 年，哥伦比亚大学研发了一套青少年的财商教育，美国的财商教育开始大面积普及。目前，美国有 50 多个州在进行财商教育的推广。

英国：大概在 2007 年的时候，英国苏格兰皇家银行就已经开始去推动财商教育。时至今日，理财和储蓄等课程均已成为中小学生的必修课，跟其他科目一样需要通过考试。

日本：日本的财商教育趣味性更强。东京的证券交易所编写了一套"股票学习"游戏，现已被上千所学校采用。日本政府和企业共同打造的"学生城"，可让孩子拥有各种体验。今天可以扮营业员，明天可以当银行柜员……让孩子真实地去感受现实社会的交换。

不管是美国还是英国，基本上都是在 2009 年左右开始进行全方位的财商教育普及。据统计，早在 2009 年就有超过 50 个国家发布并实施了相关的教育计划，一些国家已形成了一套覆盖从幼儿园到高等教育整个周期的财商素质教育体系。

教师常见的 8 个理财误区，
你中了几个

过去几年，中国快速进入了全民理财时代，所有人都知道单靠存款利息跑不赢通货膨胀。下至未入社会的大学生，上至耄耋老人，他们都或多或少地接触过股票、基金、银行理财等理财产品，但大多数人对理财的认知还相对片面，甚至存在一些误区。尤其是身在象牙塔中的教师，更是容易出现认知上的偏差……

理念决定方向和方式，理财观念上的误区，足以影响我们对财富的管理。以下是教师群体常见的 8 大理财误区，快来看看自己有没有踩雷！

1. 理财能帮我赚大钱

经常有急功近利的老师会咨询类似这样的问题：手里有 10 万元，有什么理财方法能在一年内翻一番？这种急于求成的现象非常普遍，要知道 10 万元一年内翻番，年化收益率可是高达 100%，如果真有人跟你推荐一款这样的理财产品，那这人 100% 是骗子。

理财的目的并不是帮助你赚大钱，而是为了抵抗通货膨胀，让资产保值或稳步增值。仅通过投资理财成为一个富人的概率极低，只有巴菲特这样既努力又有天赋的人才能做到，将投资作为自己的事业，而即使是巴菲特，平均年回报率也不过在 20% 左右，设定过高的投资收益只会让你栽跟头。

2. 理财 = 投资

在很多老师眼中，理财和投资是画等号的，但二者的目标有着本质区别。投资的目标是将收益最大化，而理财的目标是优化资产配置，让自己的财务更健康，生活更稳定。从这个维度上看，投资只是理财的一个方面。

科学地配置资产需要从自己的实际需求出发，维持日常支出的资金可以用于购买现金管理类产品，方便随时支取；为人生重大节点、意外事件准备的储备金，可投资"固收 +"、债券类产品等风险相对较低的产品，在守住本金的同时实现保值、增值；发生较大亏损也不会影响生活的资金，可以投入权益类产品，博取更高收益。

3. 盲目跟风

一些常识太少的老师很容易在网上看到很多网友说某个产品好，或是听周围的朋友说买某款理财赚了钱，就跟风买入，但没有评估过理财产品究竟怎么样，是否适合自己，这样就会面临一些麻烦。

老师们，在理财问题上，切忌人云亦云、盲目跟风，应该养成逆向思维，警惕市场转向；朋友能够赚钱的产品也不一定适合你，每个人对流动性的需求、对风险的接受度都不同，如果不考察产品就跟风买入，可能会给自己带来损失。

所以，在理财之前一定要对产品和自己分别进行评估，如果不知道产品是否适合自己，可以咨询专业理财师。

4. 理财过于分散或过于单一

理财界有一句名言，叫"不要把鸡蛋放在一个篮子里"，一旦这个篮子漏了，那么所有的鸡蛋都有可能摔碎，所以要分散投资，分散风险。理财资金投在一个产品中，如果是低风险产品，则达不到预期的收益率，如果是高风险产品，则潜在损失可能会很大。

但资金过于分散，打理起来十分耗费精力，所以正确的分散投资方法是，选择 3 ～ 5 种理财产品，最好每种理财产品的资金控制在 30% 以内。

5. 无法坚持

理财是一件长期的事情，甚至是一生都在做的事情，这就要求我们在投资理财过程中一定要坚持，短期的盈亏不重要，重要的是我们在实践的过程中找到适合自己的理财方式。

有的老师搞基金定投，持续定投了一两年，资金一直处于亏损状态，实在忍受不了就终止定投把钱都赎回来了，但是刚赎回来基金就开始上涨，资本市场有自己的规律，要遵循经济的周期而非自己的节奏。

6. 按教科书理论投资理财

这几年各类投资理财书刊汗牛充栋，但真正有价值的、实用且简单可行的方法几乎没有。经常有老师要求推荐什么理财书之类的，生活中确实也有很多老师喜欢买一些投资理财的书来看，以为可以从中找到投资理财的秘诀，其实这是不靠谱的。事实上，我国目前还没有一门真正有价值的专业的投资理财学科，可以让每一个老百姓学到投资理财知识，倒是让这些专家学者的书卖了一个好价钱。

7. 迷信专家学者

这几年随着网络和媒体的发展，很多老师开始越来越关注经济，关注投资理财。于是，各类形形色色的专家学者开始粉墨登场，有的出场费到了几万十几万一次，发表了各种各样的言论。但听的老百姓依然是云里雾里，没有实际操作帮助。

笔者发现很多所谓的专家学者只是象牙塔里的理论人士，可能理论上说得头头是道，但却没有任何实际操作经验，他们可能还不如一个在市场第一线有经验教训的业务员有价值。原理很简单：真正投资理财赚钱的人是没时间整天讲课出书的。

8. 听免费的投资理财讲座

这几年，很多老百姓包括不少教师有了投资理财意识后，经常去参加各种各样的讲座，一些企业、机构也纷纷做起了这类生意，搞一些投资讲座、理财讲座等。但这样的免费讲座到最后，常常变成了变相的产品发布会，无形的产品推销会，一些听讲座的教师迷迷糊糊就购买了他们的产品，被他们发展成了会员。

 —————————— 财富管理，管的究竟是什么？

财富管理是指以客户为中心，设计全面的财务计划，通过向客户提供现金、信用、保险、投资组合等一系列金融服务，综合管理客户的资产、负债、流动性，满足客户不同阶段的财务需求。它涵盖的范围很广，包括现金储蓄与管理、债务管理、个人风险管理、保险计划、投资组合管理、退休计划和遗产安排等。

那么，我们通常说的财富管理究竟管的是什么？

保护已有资产不受通胀侵蚀，让财富保值、增值就是财富管理的一个基础组成部分。"投资理财的资产配置建议"和"财富保全与传承的规划"是财富管理的两种基本服务。

做好财富管理，才能最大限度降低不确定性带来的负面影响。

▶ **鸡蛋分散到不同的篮子**

如何去防范财务风险？引用 1981 年诺贝尔经济学奖得主詹姆斯·托宾（James Tobin）耳熟能详的一句话：鸡蛋不要放在同一个篮子里。

之所以篮子要多，正是为了分散风险，假设一个篮子掉地的概率是 10%，有 10 个篮子，都掉落在地的概率下降至仅有百亿分之一。

▶ **贯穿一生**

根据不同生命周期阶段，人们需要不断调整资产配置的构成和配比，调整财富管理策略。而随着个人年龄的增长，个人财富的积累，职业生涯的终结，财富终能够传承下去。年轻时规划留学、旅游，中年时规划购房、保险，老年时规划养老、传承……只要有财富，就需要一直管理。

▶ **灵魂拷问**

自己来做？机构代劳？财富管理如此重要，自然是需要学习、重视和认真做好的。

如何利用金融工具建立财富防火墙，如何保证财富不会因为时间的拉长而被稀释，如何保证财富能产出源源不断的现金流，如何保证财富安全不受到攻击，如何才能随着日积月累真正扩大财富量级，如何保证自己在不能出卖时间换取财富的时候依然有不错的收入……

专业的说法是，专业的事还是应该交给专业的机构来做。从市场健康角度来说，一个成熟理性的资本市场应该是以机构为主，美国股市的机构投资者占比近 90%。

教师怎样
提高收入

对于教师群体而言，收入永远是一个敏感的话题。

长久以来，教师工资一直是一个热议话题，每年两会期间，提高教师工资都是一个焦点话题。教师是一个崇高的职业，但是，收入一直与付出不成正比。

有人说，如果教师无需担心生活问题，那么教师就能一心一意去做教育工作，因为教育事业是千秋万代的事业。

一方面是教师工资改革的雷声大雨点小，另一方面是教育部禁止中小学老师给学生违规补课。然而，现实仍然是：很多地方教师工资仍低于公务员工资，有偿补课的行为仍然隐形存在。

那么，穷了这么多年的教师，怎样才能提高收入？总结起来，无外乎以下几种方法：

1. 评职称

评职称是教师涨工资最传统的方法，职称越高，工资收入也越高。目前中小学教师职称从低到高依次分为三级、二级、一级、高级和正高级。每一个级别的职称，都有工资待遇的差距，根据地区的不同，少则几百元，多则上千元，三级教师和正高级教师，教同一个班级，工资能差好几千。

不过评职称并不是一件容易事，想评职称，需要准备相当多的材料，包括各种论文、课题等，还必须要有名额才行，向来是"僧多粥少"。想评个高级职称，通常都是 45 岁以后了，年轻教师可谓是"路曼曼其修远兮"！

2. 升职务

教师也是有职务的，一个学校有校长、副校长、教务处主任等，一个年级也有年级组长，这些职务都可以有效提高教师的收入。而且担任这些职务后，还能减少相应的教学工作，不必事事躬亲，只需要做好行政管理工作就行。

3. 换地方

在职公务员不能考其他编制，但在职教师没有这个限制。教师既可以考其他编制，也可以参加外地教师公招。要知道，体制内的工作，工资待遇受地域影响很大。

因此，对于很多教师来说，考到其他地方也是一个不错的选择。不过要注意，如果入职时有规定服务期限，那么在服务期限内是不允许参加考试的，只有等服务期结束后才能参加。很多乡镇教师想方设法往城里考，就是为了提升自己的待遇。

4. 当班主任

对于中小学教师来说，如果想要增加自己的收入待遇，选择当班主任，也是提升自己工资待遇的一个方式。

很多地方都规定，班主任可以领取班主任津贴，有些地方对于中小学班主任发放的月补贴是 300 元到 500 元不等。大家都知道，现在的中小学教师平均工资可能就在 5000 元上下，如果一个月给教师发 500 元的班主任津贴，相当于给这名教师加薪 10%。

当然，当班主任要比单纯做一名科任教师更辛苦。

5. 投资理财

越来越多的老师开始重视投资理财，一定要学习好投资理财的相关知识，以自身的财产安全为第一要务。几点建议供参考：

一是不要梦想一夜致富，切记！

二是只用闲钱理财，这钱若对你的日常生活很重要，是你下个月的生活费、小孩学费、还贷款的钱、医药费或是有固定用途的钱，就绝对别拿来理财玩！

三是不要借钱，比起拿急需使用的钱理财投资，借钱更是一个给自己增加压力的方式。

四是不要跟单，当你没有抓鱼、分辨鱼的本事前，想光靠捡别人抓的鱼吃，你很可能吃到有毒的鱼。盲目跟单，你面临的风险在于：一旦他看错时，你绝对会赔得很惨。

五是不要"梭哈"，玩扑克时大家都知道，你真要梭哈也是在发到第四张第五张牌时，自己赢面最大时才有梭哈的道理。

六是一旦面临重度亏损，先退出休息，千万别急着想翻本。因为一旦有翻本的念头时，你就会开始做出类似赌徒的行为：下大单，随意乱买，然后期望有一场突然喷出的行情。

6. 其他收入

（1）参与试卷出题，如模拟题、仿真题、预测卷等，编一套 2000 元左右，因需要原创与深度改编，花费时间估计在 100 个小时以上，特别辛苦，不太合算。

（2）参与编写丛书、资料等，收益 20000 元左右，花费 300 个小时以上。

（3）作报告，花费两小时，收入 3000 ～ 5000 元，但你首先得有一定的身份地位，其次"僧多粥少"，比较难长久。

小贴士 ———————————————— 提高收入的 5 种方法

1. 合理储蓄，投资安全性较高的理财产品。比如投资一些保本的理财产品，不乱花钱，投资使资产增值，也是提高收入的一种方式。

2. 努力工作，提高专业能力。只有你努力工作了，能力上去了，收入才会提高。

3. 给自己充电，学习更多的赚钱技能。俗话说技多不压身，赚钱方法也是多种多样的。

4. 发展副业，要在不违规的情况下发展。自己熟悉的，或者朋友亲戚有这方面经验的，可以合作咨询一下。

5. 发展人脉，间接拓展财路。各行各业每个人的赚钱方法都是不一样的，相互交流，互通有无，能事半功倍。

财商有多重要？
测测你的财商多少分

亲爱的老师，你想知道财商到底有多重要吗？不管是智商还是情商，都是你为钱而工作。而财商，是让钱为你工作！

这里有 10 个小故事，看懂就能彻底触发你的财商思维！

故事虽小，启发的力量却很大，因为它能带给你不同的思考角度，彻底触发你的财商思维。更重要的是，这些小故事都折射出消费者的人性，读懂了人性，你就领悟了营销，领悟了营销，你就知道怎么去赚钱了。

故事一："把东西给我……"

有一个特别吝啬的人，从来不肯送东西给别人。他最不喜欢听到的一句话就是："把东西给我……"

有一天，他和朋友一起在河边走，不小心掉到河里。他的朋友赶紧喊："把手给我，把手给我，我拉你上来！"

他就是不肯把手给他朋友。他朋友急了，又接连喊到："把手给我！"他情愿在水中挣扎，也不肯把手给出去。

他朋友知道他的习惯，灵机一动，喊到："把我的手拿去，把我的手拿去。"这个人立马伸出手，握住了他朋友的手，得救了。

"给我"还是"拿去"？我们在经营事业的过程中，是不是经常在向客户说:"把你的钱给我。"结果通常是:客户就像上面那个吝啬的人,情愿在痛苦与不满足中挣扎,也不愿意把钱给我们。

如果我们对客户说:"把我的产品拿去。"是否会更好一些呢?客户会更愿意体验、购买你的产品。

"给我"还是"拿去"?这是一个精明的商家是否能从客户的角度去设计成交流程和商业模式时需要考虑的。

换个角度思考,你就会豁然开朗。

故事二:饥饿营销

有人到农村玩,看到一位老大爷把喂牛的草料铲到小茅屋的屋檐上,感到很稀奇,于是就问道:"大爷,您为什么不把喂牛的草放在地上给牛吃?"

老大爷说:"这种草草质不好,我要是放在地上,它就不屑一顾;但是我放到它勉强够得着的屋檐上,它就会努力去吃,直到把全部草料吃个精光。"

容易得到的,也容易随手扔掉。太难得到的,有些人争取一会儿就放弃了。只有勉强得到的,意外得到的,人们才会感到惊喜,倍感珍惜。

故事三:1000美元卖的不是豪宅

有一个富翁,一个人住着一幢豪宅。年纪大了,他打算叶落归根,回到老家居住,老家会有更多的伴,可以一起打打牌、下下棋、聊聊天。

于是他决定把这幢豪宅卖掉。很多有钱人看上了这幢豪宅,来看的人络绎不绝。

有一天,有个年轻人来看房,看完房子后连连称赞。

富翁问他:"你想要买吗?你出什么价钱?"

年轻人说:"是的,我很想购买,但是我只有1000美元。"

富翁说:"那我怎么可能卖给你?"

年轻人思考了一会儿，跟富翁说："我真的要买，我可以跟您商量另一个购买方案吗？"

富翁说："你说说看你的方案。"

年轻人说："我愿意把我的1000美元都给您，您把房子卖给我。同时，我想邀请您一起住在这个房子里，您不需要搬出去。而我，会把您当爷爷一样看待，照顾您、陪伴您。"

年轻人接着说："您如果把房子卖给其他人，您得到的只是一些钱，而钱对您来说已经可有可无，您已经足够富有。您如果把房子卖给我，您将收获的是愉悦的晚年，一个孝顺的孙子，一家人其乐融融的温情。将来我还要您见证我的婚礼，见证我的宝宝出生，让他陪着您，逗着您笑。"

富翁静静地听着他讲述，眼前的这个小伙子如此真诚，目光坚定，他在等待着自己作出选择。钱，他这辈子赚够了，追逐金钱也让他疲惫了，快乐才是他想要的。

三天后，富翁把房子卖给了这个年轻人，他们快乐地生活在一起！

这位富翁真正想要的是什么？

你的客户真正想要的是什么呢？

读懂客户的内心，你才能走近客户。

用心与客户交往，与客户成为朋友，你才能轻松与客户保持关系，客户也愿意在你这里消费！

当然，我们也可以从这个故事中看到，这个小伙子非常善于利用自己独有的价值——真情的陪伴。他并没有多少钱，因为懂得挖掘自己的价值，善用自己的优点，一样可以在梦想的豪宅里生活！

故事四：买驴送驴

一个犹太人花了100美元从一个农夫处买了一头驴子，农夫答应第二天把驴子给他送过去，没想到第二天驴死了，犹太人说没关系，你把那头死驴给我就好了。

一个月后，犹太人又来了，农夫问他怎么处理那头死驴的，犹太人告诉他当奖品送出去了，还另外赚了1898美元。

农夫不解，有谁会要一头死驴？

"你是怎么做到的？"农夫问犹太人。

"我举办了一场幸运抽奖，卖出了1000张票，一张卖2美元，就这样，我得到了2000美元，去掉向你买驴的100美元，我还有1900美元。"犹太人说。

农夫问："难道没有人发现并表示不满吗？"

犹太人说："只有那个中奖的人不高兴，所以我就把他的票钱退给他了。"

故事中的犹太人利用了"从众心理"，想出卖彩票的赚钱方式，将不利因素（已经死掉的驴）变成有利的奖品，即解决了麻烦，同时又创造出了财富。

其实，犹太商人的这种做法就相当于"资产证券化"，也就是包装出一个概念，将一个商品（死驴）的价值"化整为零"，以奖品为诱饵，吸引一个个的散户购买者来接盘。

当然，站在犹太商人的角度来说，当面临不利局面的时候，要不断寻找隐藏的机会，找到新的突破点。

赚钱最重要的是思维，犹太人善于创造财富的思维值得大家学习。

故事五：每个人都是百万富翁

一位白发苍苍的智者在路上遇到一个满脸愁云、无精打采的年轻人，便关心地问道："年轻人，你为何这样闷闷不乐呢？"

年轻人叹了口气，说："我没有房子、没有老婆、没有工作，经常是吃了上顿没下顿，我是个一无所有的穷光蛋。"

智者笑着答道："你不该如此垂头丧气，你其实是个百万富翁！"年轻人不高兴地说："百万富翁？您别拿我寻开心了。"

智者说："我怎么会拿你寻开心呢？现在，你回答我几个问题。"

"什么问题？"年轻人好奇地问。

"假如，我用 20 万元买走你的健康，你愿意吗？"年轻人摇摇头说："不愿意。"

"假如，我再用 20 万元，买走你的青春，让你从此变成一个小老头，你愿意吗？"

"当然不愿意！"年轻人这次干脆地回答。

"假如，我再出 20 万元，买走你的双眼，你愿意吗？"

"不愿意！"此时的年轻人头摇得像拨浪鼓。

"假如，我再出 20 万元，买走你的智慧，让你浑浑噩噩度过一生，你可愿意？"

"傻瓜才愿意！"年轻人一扭头就想走开。

"别急，请回答我最后一个问题。"智者继续说道："假如我再出 20 万元，让你去杀人放火，让你失去良知，你愿意吗？"

年轻人愤愤地说："谁会干这种缺德事呀！"

"好了，我刚才已经开价 100 万元，仍然买不走你身上的任何东西，你说，你不是百万富翁，又是什么？"智者微笑地问道。年轻人顿然醒悟。

我们拥有健康的身体、聪慧的头脑、明亮的眼睛、善良的内心、家人的关爱、朋友的支持、老师的指引、幸福的生活、美好的未来……这些都是我们的第一桶金。我们要利用这一桶金去好好经营人生，千万不要做捧着金碗要饭的乞丐。

故事六：利用自身优势获得财富

有一只刚长大的小蚂蚁出去觅食，当它背着一粒大米往回走时，看到一只蚊子在天上飞。它羡慕地大叫："你真好啊，一会儿就可以飞很远的路程，而我只能一步一步地挪动，老天真是太不公平了。"

蚊子看看它说："你才好呢，有那么大力气搬起大米，而我却要冒着生命危险偷偷地吸别人的血。老天真不公平，我要是你多好啊！"它们相互羡慕着对方，一起往前走，突然前面出现个庞然大物。小蚂蚁大叫着说："那是什么？长那么大，老天真不公平。"

蚊子笑着说："那是小兔子，没什么可怕的，你看我的。"说完蚊子飞到小兔子背上，用它长长的针刺进兔子的皮肤开始吸血。兔子虽然很难受，但是却拿蚊子没有办法。小蚂蚁羡慕地说："你好厉害，那么大的东西都被你吸血，你的本领可真大啊，而我什么本领都没有，老天真不公平。"

刚说着，兔子背后出现了一个更大的家伙。蚊子实在吸得太投入了，等它发现危险降临时已经来不及了，它惊叫一声："是人！"就被那个人给打死了。然后，那个人抱起兔子轻轻地抚摸着说："小乖乖，难受吗？我已经帮你把可恶的蚊子打死了。"说完抱着兔子走了。

小蚂蚁心想："那只兔子真好，有那么大本领的人来保护它。人更好，有那么强的力量，老天真不公平。"正想着，一声大吼，前面跳出一只老虎。那个人怪叫一声，扔下兔子就跑，可怜的兔子被老虎一口吞掉了。凶猛的老虎飞一般地追上了人，一口咬断他的脖子。然后回过头来扫视着周围，寻找下一个猎物，它的眼睛盯到了小蚂蚁的身上。

小蚂蚁吓呆了，心想："这下完了，这么凶猛的怪物，连人都不是他的对手，我死定了。"但没想到，老虎好像没看到它一样，自顾自地吃起了猎物。小蚂蚁飞快地往回跑，心想："还好我长得小，老天真公平。"

在财富的世界里，人人都是公平的，人人都有致富的机会。如果你想引导财富来到自己身边，要学会在各种看似不公平的现象中看到公平的实质，然后再利用自身的优势去创造财富。

故事七：挖一口属于自己的井

有两个和尚，一个叫普空，一个叫普慧，他们分别住在相邻的两座山上的庙里。

山上没有水，他们每天都会去两座山之间的小溪边挑水，一来二去的，两人很快就成为了好朋友。

可是有一天，普慧没有下山挑水，第二天、第三天还是没有来挑水。普空开始担心了，决定去探望，当他上山来到普慧的住处时，发现普慧好好的，正躺在竹椅上休息。

他很惊讶地问道："好几天没见你，还以为你生病了，这几天你都没去挑水，你还有水喝吗？"

普慧回答道："这五年来，我每天挑完水，都会利用空闲时间来挖井，现在井已经挖好了，已经有源源不断的井水，以后我就再也不用下山挑水，省下来很多时间，可以做我喜欢做的事了。"

普空摇了摇头说："五年挖一口井，我可不浪费那个时间，我宁愿下山挑水吃。"普慧看了他一眼，无奈地摇了摇头，什么也没说。

工资再高，都是挑水，只有利用下班后的时间挖一口属于自己的井，帮自己创造持续稳定的收入，才有更多的时间做自己喜欢的事，才能更早实现财富自由。

故事八：让金钱流动起来

有一个守财奴，省吃俭用攒了一笔钱，却舍不得用，便把钱埋在了一块石头下。他怕钱财被人偷走，每天都会去埋钱的地方看一眼。

突然有一天，守财奴发现埋钱的地方被人挖开了，钱财没有了，顿时嚎啕大哭。邻居听见了，便问他为何哭得如此伤心，他抽泣着回答："我把钱埋在这块石头下，现在被人偷走了！"

邻居疑惑地问道："你为什么不把钱存在钱庄呢？放在钱庄用起来不是更方便吗？"守财奴说："花钱容易赚钱难呀！我辛苦赚来的钱，我是从来不花的。"

邻居笑了，说："既然你从来都不花钱，那你就把这块石头埋起来，把它当作你原来的钱财吧！"

钱的本质是流通，如果你只存钱、不花钱，钱就无法体现出它的价值。

如果你想变得富有，就扔掉自己的存钱罐，让钱在流动中不断增值，赚取更多的钱。

故事九：没有付出就没有收获

一个老人路过田间，看到一位农夫在锄地，便问道："今年的麦子种了吗？"

农夫说："我担心天不下雨，还没种。"老人又问道："那么，棉花你种了吗？"农夫说："我担心棉花被虫子吃了，也没有种。"

老人疑惑地问道："那你种了啥？"农夫说："我什么都没种，我要确保安全。"

人生是一个播种的过程，播下财富的种子，才能收获财富的果实。一个不愿意付出、不愿意冒险的人，虽然能获得安全，但除此什么都收获不到。

故事十：贪婪是恶，知足是福

在一个山洞中，住着一对老夫妇，他们的生活十分艰苦。

有一天，突然出现了一个老神仙对老夫妇说："我可以给你们一栋豪华的房子，数亩良田，无数的金银财宝，让你们衣食无忧，但是，房子里有一只破碗，是扣着的，不能打开，如果打开了，我就会收回你们的荣华富贵。"

夫妻俩连连点头，保证绝不打开。瞬间，老夫妻身边出现了豪华的房屋，他们立刻过上了锦衣玉食的生活。没过多久，夫妻俩就在想，那只破碗里是不是还有很多宝贝，就把碗翻了过来。可是，碗里什么也没有！

这时老神仙忽然出现了，很愤怒地对老夫妇说道："你们衣食无忧，还这么贪婪，连一只空碗的诺言都守不住。"

然后，房屋、金银财宝和老神仙都消失了，老夫妻又回到了穷困潦倒的生活，两个人从此一直活在懊悔和互相埋怨之中。

贪婪并不是获得财富的方式，而是丢失财富的方式。当你拥有足够多的财富时，要知足，切忌贪婪，否则就有可能失去现在所拥有的一切。

小贴士 ——————————————————— 测测你的财商

　　财商被越来越多的人觉得是实现成功人生的核心，亲爱的老师，你想知道你的财商有多少吗？下面是有关财商的测试题及测试答案，希望对你了解自己的财商状况有所帮助。(此测试题为计分式，答案是根据每道题选项的分数累加得分，选 A 得 4 分，选 B 得 3 分，选 C 得 2 分，选 D 得 1 分)

　　1. 发下一笔奖金，你会如何犒劳自己？(　　　)

　　　　A. 请自己大吃一顿

　　　　B. 买前段时间想买的贵重物品

　　　　C. 还是存着好了

　　　　D. 除了犒劳自己，也给父母或是伴侣买些东西

　　2. 你会常常借钱给别人吗？(　　　)

　　　　A. 看借给什么人，做什么用，才考虑要不要借

　　　　B. 只要自己有钱，这方面还是很大方的

　　　　C. 除非是回绝不了，否则会很少借

　　　　D. 不好意思回绝，因此别人问，基本都会借

　　3. 你赞成以分期付款的方式买车吗？(　　　)

　　　　A. 会先考虑自己承担的力度，再决定买什么样的车，分多少期

　　　　B. 赞成，只要是自己喜爱的，就会这样做

　　　　C. 压力太大了，比较起来我还是乐意先存钱后买车

　　　　D. 尽量先找父母赞助，剩余的再考虑分期的问题

　　4. 你常去商店买换季打折的物品吗？(　　　)

　　　　A. 要看什么东西，若日常用品就会(如被子、凉席等)，有潮流趋势的衣物等就不会

　　　　B. 不常去，我是想买什么就买什么，不会考虑那么多

　　　　C. 虽然我很爱买换季打折的物品，但也会根据自己的经济实力来买

D. 是的，我常常会买诸多换季打折的物品，省钱

5. 你看到想要的东西一定要得到吗？（　　）

　　A. 肯定会去努力，实在得不到，再用其他东西代替

　　B. 是的，想尽办法都要得到

　　C. 心里肯定迫切想要得到，并会去试试，但实在得不到也就算了

　　D. 不太强求

6. 你会在公共场合拾起五毛钱吗？（　　）

　　A. 是自己掉的就捡，别人掉的懒得捡

　　B. 五毛钱有什么好捡

　　C. 若无人望向这边就捡

　　D. 捡起来，然后问周边的人是谁掉的

7. 你常常会买福利彩票或体育彩票吗？（　　）

　　A. 宁愿买刮刮乐，投注彩票太不靠谱，基本不会去买

　　B. 要么不买，一买就会买得比较多

　　C. 偶尔买来玩玩，中大奖还是不会去奢望

　　D. 会常常去买，但每次也只是买几块钱，给自己一种发财的盼望

8. 到退休年龄时，你还会不会想继续工作或赚钱？（　　）

　　A. 应当会。毕竟得到的位置不易，退休了什么都不是了，会有些不习惯

　　B. 固然会想赚钱，但赚钱的方法不一定要是继续上班

　　C. 看经济状况吧，如果到退休年龄时，家庭状况还不错，就退休

　　D. 会想退休，享受清闲的老年生活

9. 如果可以得到一笔一千万元的巨资，你会如何领取？（　　）

　　A. 根据实际需要先领一半，剩余再做考虑

　　B. 一次性领完一千万元

　　C. 按每年领，并设定多少年领完

　　D. 按每月领，并设定多少年领完

10. 你想要住的地方是？（　　）

　　A. 郊外的别墅

B. 市中心的豪华大楼

C. 设施、配备齐全，交通也比较便利的高档社区

D. 园林田园式的小屋

财商测试题答案：

▸ **30 ~ 40 分：财商指数 95%**

你头脑聪慧，只要有时间就能学会实用的赚钱技能，一旦时机成熟就能令人刮目相看。并且你花钱的态度历来是为了让自己快乐，为了让生活品质提高，也由于这种驱动力，你会迫使自己不断去赚钱。其实吃、穿也是能进行投资的，你完全可以凭借自己的魄力和品位去进行部分能升值的消费。

▸ **25 ~ 29 分：财商指数 65%**

你敢于冒险的性格有助于你迅速达到赚钱目的，但还要学会控制风险，这样财富才会稳步增长。并且还要小心冲动消费而导致资产赤字，建议你做好每周预算，尽量让自己理性花销，以免到手的钱转眼就没了。

▸ **20 ~ 24 分：财商指数 40%**

你是一个很保守的人，专注于自己所从事的工作，赚钱目的也总是客观而容易实现的，但最好能在理财上再多一点闯劲和激情。若觉得理财麻烦，对股票提不起太大兴趣，又嫌定期储蓄效率太低，建议你请值得信赖的人帮你理财，这样更有助于累积财富。

▸ **10 ~ 19 分：财商指数 20%**

你是一个乐观主义者，懂得分享和包容，虽然能理智地选择自己能力范畴之内的赚钱措施和赚钱目的，但还是缺少了行动力。赚钱对于你来说，太容易停留在想和思考的阶段。若能付出行动，试着去做部分投资，尝试一些新事物，人生就会大不一样。

他们，这样追求财务自由

查理·芒格（Charlie Munger）有句话："走到人生的某一个阶段，我决定要成为一个富有之人。这并不是因为爱钱的缘故，而是为了追求那种独立自主的感觉。我喜欢能够自由地说出自己的想法，而不是受到他人意志的左右。"下面两个老师追求财务自由的故事，或许能给你带来更多启示。

故事一：林老师，30 岁在二线城市买房

身边有一位教师朋友林，30 岁生日刚过，就在二线城市买了一套 90 平方米的房子，准确来说，是自己全额付了首付。她没中巨额彩票，也没从家里拿一分钱。

她很传奇，一线城市上班，二线城市买房，老家在一个十八线、还不流行外卖的城镇。

父母把女儿从学费昂贵的三本大学供出来以后，算是尽了应尽的义务，很难再给她经济上的额外补贴。

买房消息一出，街坊邻居炸开了锅，质疑首付的这十几万究竟是从哪里来的。

不得不说，世界对稍微有点钱的女性恶意实在太大。

据我所知，毕业之后，她只身前往一线城市，因为颜值、学历、情商，

乃至个人能力并没有天然的优势，所以最后找了一份月薪 4000 元的教师工作。

工资不高，待遇不好，除去必要的生活开销，每月只能攒下 500 元。

穷人的钱是用来维持生计的，可是这姑娘深知：如果把工资作为经济收入的唯一来源，哪怕月薪两万，也很难实现财务自由。

所以拿到第一份工资时，别人都在狂欢"剁手"，只有她有意识地开始学习理财。

起初，同事、朋友都不解，笑她不懂享受，年纪轻轻，就过着清心寡欲的生活，掉进钱眼里，简直就是一个小财迷。

可是，几年下来，通过合理理财，她手里头可自由支配的现金流早就远远大于工作所得。如今，自己付了一个首付，又把房子租出去，钱生房子，房子生钱，经济压力倒也不大。

掌握理财这项技能，从某种意义上讲，不只是让她付得起首付那么简单，而是让她更有安全感，具备随时说"不"的能力以及阈值更大的自由度。

的确，30 岁以后，拼的真的不是颜值和情商，而是财商——认识和驾驭金钱的能力。

故事二：美国教师亲述财商教育三步走

美国教育硕士、加州永久执照教师原帅讲过这样一个故事：

他在面试学生的时候经常问这么一道题：如果你可以取消一项人类发明，你会取消什么？

出乎他意料的是，很多学生居然说：金钱。

金钱本身是中性的，并不邪恶。但是为什么很多学生认为金钱和武器、烟酒一样对人类百害而无一利呢？

他认为，这是因为在中国，大部分儿童的财商教育是缺失的。从小爸爸妈妈就教育我们：金钱是万恶之源；赚钱不是人生最重要的事情；小孩子只要好好学习，不要操心钱；商人都有铜臭味……甚至连每年的压岁钱，都是父母替孩子保管，错失了一个教育小朋友如何理财的好机会。

原老师介绍，早在 2001 年，美国中小学的课程体系里就加入了财商教育课程，启发孩子对理财的兴趣。而中国也在 2000 年引入了美国作家兼企业家罗伯特·清崎（Robert Kiyosaki）的《富爸爸穷爸爸》一书作为孩子的财商教育启蒙课外读物。其实让孩子越早认识金钱、知道金钱的来源和作用，树立正确的金钱观，长大后，他就能更好地保护自己和家人。

他认为，钱虽然不是人一生中最重要的东西，但是如果没有钱，钱就会格外重要。

让他感慨的是，为什么在 20 年后的今天，下面让人痛心的消息依然经常出现在人们的视线中呢？

6 岁的小朋友把 100 元压岁钱当废纸烧着玩。

16 岁男孩用母亲的银行账号打赏女主播 40 万。

13 岁女孩花 7 万元买游戏币充值。

女大学生"裸贷"借 5000 元因未能及时还款，利滚利成 26 万元，连续在多个平台借贷，直至产生轻生行为。

他总结道：我们的青少年之所以有不计后果地借贷、给主播打赏等行为，或许都和儿童财商教育的缺失有关。我们的教育和社会脱节，只教学生如何考试，却不教如何储蓄；只教学生知识和技能，却不教风险和投资。

如何润物细无声地开始儿童财商启蒙呢？他介绍了三个方法：

1. 财商教育，从主动谈钱开始

财商，是一个人认识金钱和驾驭金钱的能力。小朋友们从小如果不知道学费多少钱，如何把钱花在自己最需要的地方，如何把暂时不需要的钱储蓄起来，长大以后又怎么知道如何赚钱呢？

小朋友的财商启蒙其实很简单，只要两步：一是找到赚钱的动机，二是培养记账的习惯。

学校里如果没有财商教育，老师可以在生活中找机会。比如，当孩子收到压岁钱的时候，老师可以帮孩子存一部分，再让他自由保管一部分。首先老师可以问孩子："如果压岁钱给你，你会买什么？"

孩子可能会说："我要买很多好玩的和好吃的！"

这时候老师就可以引导孩子说："如果你只说想要好吃的好玩的，没有人知道你到底要什么。你可不可以把你最想要的 10 个东西或者想做的 10 件事写下来？"

原老师说，有一年他给学生们上财商启蒙课，一个学生写下了这 10 件事：

（1）去斯坦福的暑期学校上课。

（2）买一个星球大战的乐高玩具。

（3）买一辆新的自行车上学。

（4）去迪士尼游乐场玩。

（5）春假去夏威夷旅游。

（6）和朋友去吃海鲜自助。

（7）买一本新的漫画书。

（8）学习如何弹吉他。

（9）学习跆拳道。

（10）买一条新的牛仔裤。

接下来，他让学生从他们的清单里，列出他们最想实现、最需要钱的三件事。其他的暂时先划掉。

学生们听到以后一片哀嚎，因为这些东西对他们来说都很有吸引力。这时，作为老师的他就又问学生："你觉得哪些事情可以帮助你们提高自己，可以重复使用？哪些事情只是满足自己眼前的欲望？"

学生们认真想了想，又开始重新列表。他看到了该学生列出的第二份表。

（1）去斯坦福的暑期学校上课。

（2）买一本新的漫画书。

（3）学习如何弹吉他。

他认为，让学生写下自己的心愿，就是帮助孩子们在寻找赚钱储蓄的动机，也让他们明白，"赚钱"是值得自己努力争取的事情。只要我们的愿望是积极的，可以让我们成为更好的人，金钱就不是罪恶的。

当孩子有了自己的动机和账本以后，老师可以带孩子一起去银行开户。每个月把自己的支出记录下来，把一部分压岁钱、零用钱储蓄起来，就可以培养孩子的理财意识。

2. 财商教育，从 5 岁开始

原老师认为，财商启蒙最小从 3 岁就可以开始了，让孩子知道纸币硬币是什么样子，用钱可以买到糖果。从幼儿园到中学，美国很多学校都有财商教育课。有一些是数学课上老师组织的活动，有一些是学校的选修课和兴趣小组。比如，中学就有很多关于股票、创业的兴趣小组，每年还有小组作业（Shark Tank）活动。学生们自己发起一个创业项目，通过演说展示，得分高的可以获得一笔活动启动资金。

下面是他介绍的美国 5 ～ 14 岁孩子财商教育的内容：

5 岁：识别硬币和纸币，明白为什么要用钱？怎么用钱？

6 岁：区分自己的欲望和需求，明白怎样使用钱是最有价值的。

7 岁：如何在社区里用钱来满足我们的基本需求，学会阅读价格标签。

8 岁：学习关于赚钱的主要术语，学会如何开户。

9 岁：学习"预算"的概念，明白如何计算自己的预算。

10 岁：学习"存钱"的概念，懂得存钱和投资有何不同，了解到投资是有风险的，信用卡是可以购买我们想要的产品的。

11 岁：记录下自己的花销，定期存钱，对未来如何花钱有明确的预算，明白利息、复利的原理。

12 岁：学习如何用钱改变自己周围的社区，要懂得给予，帮助别人改善生活。

13 岁：对自己的财务有明确的目标，对自己的未来有规划，尝试安全的投资工具和服务。

14 岁：学会如何更好地赚钱，学习一些宏观经济基础知识。

这里，老师们可以对比一下作为参考，看看孩子不同年龄大概需要了解什么。

3. 财商教育，从绘本开始

财商教育的绘本虽然不多，但是大多很经典。原老师推荐给大家的是以下几本。

《小狗钱钱》：财商启蒙的经典之作，用孩子的语气教小朋友如何理财。有一天，吉娅发现一只受伤的小狗，并把它带回了家。万万没想到，这只普通的小狗不仅会说话，还是理财天才！吉娅不仅通过小狗钱钱的帮助在 12 岁赚到第一桶金，还成立了投资俱乐部，帮助爸爸解决了财务危机。

《儿童财商教育绘本》：这套绘本从平时的零用钱、如何存钱、如何花钱、如何培养投资习惯等方面入手，把复杂的经济概念用有趣的形式表达了出来。而且都是用小动物或者小朋友熟悉的故事主人公进行讲述，容易有代入感。

《刺猬和金币》：这本书在俄罗斯已经流传半个多世纪。刺猬爷爷在森林里发现了一枚金币，因为年事已高，准备过冬的食物很辛苦，他想用这枚金币买点过冬的食物。但转来转去也没找着商店，反而在旅途中得到了各个小动物们的帮助——小松鼠送给他笋干，乌鸦给他做了新鞋，蜘蛛给他织了双袜子，小熊宝宝给他送来了一罐蜂蜜。最后，有了笋干、新鞋、袜子和蜂蜜的刺猬爷爷决定把金币放回原来的地方，留给真正需要它的人。这本书教会孩子如何正确看待金钱，以及重温人与人之间互相扶持着生活的意义。

《当动物有钱了》：这是一本关于金钱管理的儿童图画书。在韦伯农场，小狗贝诺发现了一箱子的金币，每只动物都分到金币之后，开始思考自己拿这些金币做些什么。母牛萝拉开了一个商店；马儿亨利开了银行；山羊威尔玛把金币放到银行里，得到了利息；小猪贝尔蒂决定开一家赌场；萝拉从亨利那里借了钱，扩大了自己商店的规模；绵羊凯丽和卡尔洛把所有的钱都拿去赌场花了。盛夏节日，没有一个动物有兴趣和时间来参加。农场里的整个生活开始不对劲了，钱被偷了，银行倒闭了……所有动物聚集在一起召开了"紧急会议"，建立了"金币管理规则"，了解了货币、非现金交易、银行和经济周期，并重新分配了金币。

美国教育基金会会长夏保罗先生说："对于一个家庭来说，小孩不会理财，富不过三代。"

由此可见，财商是多么重要。在很多发达国家，财商、智商、情商被很多教育家列为青少年的"三商教育"，早已走进中小学的课堂。即使校园里尚未开展财商教育，从小给孩子零花钱、压岁钱，让孩子产生独立自主的意识，学会计划消费、量入为出，也应该是为人父母的必修课。

 小贴士 ———————————— 财商高的人的 10 个特征

财商高的人都具有什么样的能力素质呢？哪些人财商高呢？

1. 节俭开支：节俭并且有计划地支出，收入管理清晰，非月光族。

（1）不盲目冲动地消费，有节制地花钱，懂得量入为出。

（2）懂得延时享受，未雨绸缪，而不是及时行乐。

2. 财务知识：懂"钱"，知道收入、支出、负债等财务概念。

（1）爱看财务方面的书或报纸。

（2）清楚自己每一笔收入和支出，并且做财务报表，不会做超出自己偿还能力以外的负债行为。

3. 脚踏实地：对"一夜暴富"的错误思维远离之。

（1）从不相信天上掉馅饼，对于天上掉馅饼的事，从来都是嗤之以鼻。

（2）专注于学习，提升自己的价值，从而实现财富增值。

4. 设立目标：有规划，对于自己定的目标有非常人的执行力。

（1）目标性强，执行力强，轻易不会放弃，面对问题时第一个反应就是"办法总比问题多"。

（2）不会怨天尤人，不会去埋怨老天和命运的不公，一心想方设法获取想要得到的东西。

5. 分析能力：面对机会经过分析后，毫不犹豫果断出手，不会浪费机会成本。

（1）对机会都有分析策略，懂得权衡利弊。

（2）雷厉风行，发现赚钱机会，分析权衡各项成本和收益后果断作出选择！

6. 风险能力：拥有杠杆思维，知道做任何事都有风险，当然不会做无规划的事情。

（1）任何东西都有风险，承受的风险越大，获得的收益应该越高。

（2）遇到赚钱的机会，借钱也要开干，有时可能会给自己加杠杆，做好亏损准备，增加对自己的信心。

7. 投资理财：赚到的钱用来当本钱投资理财，而不是潇洒挥霍。

（1）懂得钱生钱的财商思维模式，对投资和理财有绝对的判断意识。

（2）优先投资自己，提高自己的综合知识实力，做好资产配置、理财规划。

8. 舍得思维：先舍而后得，懂得给予，合理索取，做到合作共赢。

（1）团队精神强烈，合作思维理念明确，懂得用人所长而非所短。

（2）维护合作伙伴关系，考虑对方利益，格局大点，否则很难走得远。

9. 心态：天性乐观，敢于迎接挑战。

（1）碰到挫折，不会消极对待，始终能保持乐观的心态，积极面对各种挑战。

（2）有勇于迎难而上的精神，心中没有后退一词，积极乐观。

10. 尊重用钱：大钱和小钱并无区别，都可以合理地运用。

（1）不会因为钱少而嫌弃，不会因为钱多而亲昵。

（2）懂得大钱也是由小钱逐步累积而成。

财商高的人高就高在懂得学习，懂得思考，懂得分析利弊，懂得钱生钱的秘密。

后 记

幸福是什么？ 13 年前的仲夏，在北京持续数日的高温"桑拿天"的浸泡中，经过无数个不眠夜后，我终于为这本书的编写画上最后一个句号，这个问题，也再次穿越我汗津津的发端，顽固地钻进了我的大脑。

幸福是童年的天真无邪、无忧无虑？

幸福是历经岁月磨砺后的成熟与睿智？

幸福是风花雪月的浪漫情怀？

幸福是知足常乐的平常心、平常事？

幸福是对爱情、对事业永不言弃的执着？

幸福是心中始终有梦想相伴而行，身边始终有温情的目光凝视？

幸福是什么？

多少年，多少人，为了这个永远不能用唯一答案求解的问题，从年少到白发，追问终生、寻觅一世……

亲爱的老师，编写这本书，我的目的不是要告诉你幸福人生的生存法则，也不是要指明幸福人生的捷径佳途，而是想借对自己曾经教师生涯的梳理、反思，借对自己从事教育新闻工作以来零距离接触过、采写过的教师故事的整理、归类，从中体验一下幸福的滋味，触摸一下幸福的温度。

光阴荏苒，从 2010 年到 2024 年，无论是我，还是曾经读过这本书的老师，都在成长的路上，或付出过努力，或收获过幸福。

虽然我们可能没有"天上掉馅饼"的机会，没有过人的智商，没有天生的美貌，但我们有良好的心态，有聪明的情商，有坚韧的品质，有执着向上的精神，有对教师职业的喜欢与敬畏，对每一个学生的尊重与爱护，对生活不公的不怨不艾，对心中梦想的不弃不舍，只要我们拥有这些，就一定能够拥有幸福的资本，一定会在前行的路上品尝到幸福的滋味，感受到幸福的温度。

最后，本书中的部分文章有署名，除此之外均为红袖子综编。

雷玲 / 2023 年 1 月 26 日于北京花舍

图书在版编目（CIP）数据

教师的幸福资本：成长为优秀教师的 8 种特质 / 雷玲编著. --2 版.
—上海：华东师范大学出版社，2024
ISBN 978-7-5760-4857-5

I.①教…　II.①雷…　III.①优秀教师—师资培养
IV.① G451.2

中国国家版本馆 CIP 数据核字（2024）第 063770 号

大夏书系 ┃ 教师专业发展

教师的幸福资本——成长为优秀教师的 8 种特质（第二版）

编　著　　雷　玲
策划编辑　李永梅
责任编辑　韩贝多
责任校对　杨　坤
装帧设计　奇文云海 · 设计顾问

出版发行　华东师范大学出版社
社　　址　上海市中山北路 3663 号　邮编 200062
网　　址　www.ecnupress.com.cn
电　　话　021-60821666　行政传真 021-62572105
客服电话　021-62865537
邮购电话　021-62869887
地　　址　上海市中山北路 3663 号华东师范大学校内先锋路口
网　　店　http://hdsdcbs.tmall.com/

印 刷 者　北京密兴印刷有限公司
开　　本　700×1000　16 开
印　　张　17
字　　数　251 千字
版　　次　2024 年 7 月第二版
印　　次　2025 年 1 月第二次
印　　数　4 101—6 100
书　　号　ISBN 978-7-5760-4857-5
定　　价　69.80 元

出 版 人　　王　焰
（如发现本版图书有印订质量问题，请寄回本社市场部调换或电话 021-62865537 联系）